어린양의
신부新婦

국립중앙도서관 출판예정도서목록(CIP)

어린양의 신부 / 지은이: W.T.P. 월스톤, 해밀턴 스미스 ;
옮긴이: 박선희. -- [서울] : 형제들의집, 2014
　　　p. ;　　cm

원표제: Bride of the lamb
원저자명: W.T.P. Wolston, Hamilton Smith
영어 원작을 한국어로 번역
ISBN 978-89-93141-68-9 03230 : ₩10000

기독교[基督敎]
복음[福音]

234.3-KDC5
243-DDC21　　　　　　　　　　　　　　CIP2014025874

어린양의 신부 新婦

W.T.P. 월스턴 & 해밀턴 스미스 지음 | 박선희 옮김

형제들의 집

차 례

제 1부. 신부로의 부르심

by Dr. W.T.P. 월스톤

제 1장 신랑 9
제 2장 신부의 "은 보석" 28
제 3장 신부의 "금 보석" 43
제 4장 신부의 "의복" 63
제 5장 신부의 결단 85
저자 소개 104

제 2부. 어린양의 신부

by 해밀턴 스미스

제 1장 도입	109
제 2장 그리스도와 그의 신부	112
제 3장 하나님의 계획 가운데 있는 신부	121
제 4장 신부로의 부르심	131
저자 소개	158
부록 1 신부로의 부르심 by 윌리암 켈리	162
부록 2 신부로의 부르심 by 존 넬슨 다비	202

제 1부
신부로의 부르심

Dr. W.T.P. 월스톤

(Dr. Walter Thomas Prideux Wolston, 1840-1917)

제 1장
신랑

"그 사람이 그 집으로 들어가매 라반이 낙타의 짐을 부리고 짚과 사료를 낙타에게 주고 그 사람의 발과 그의 동행자들의 발 씻을 물을 주고 그 앞에 음식을 베푸니 그 사람이 이르되 내가 내 일을 진술하기 전에는 먹지 아니하겠나이다 라반이 이르되 말하소서 그가 이르되 나는 아브라함의 종이니이다 여호와께서 나의 주인에게 크게 복을 주시어 창성하게 하시되 소와 양과 은금과 종들과 낙타와 나귀를 그에게 주셨고 나의 주인의 아내 사라가 노년에 나의 주인에게 아들을 낳으매 주인이 그의 모든 소유를 그 아들에게 주었나이다 나의 주인이 나에게 맹세하게 하여 이르되 너는 내 아들을 위하여 내가 사는 땅 가나안 족속의 딸들 중에서 아내를 택하지 말고 내 아버지의 집, 내 족속에게로 가서 내 아들을 위하여 아내를 택하라 하시기로"(창 24:32-38)

창세기 24장은, 죄인인 아담의 후손들에게 성령님을 통해서 보여주시는 하나님의 복음이 가진 가장 아름다운 그림을 보여준다. 이 이야기는 우리가 사는 이 시대에도 펼쳐지고 있는 생생한 이야기이다. 그 옛날 아브라함은 자기 아들 이삭에게 기쁨과 위안을 줄만한 대상을 찾았다. 그리고 지금 이 세대에도 하나님은 자기 아들을 위해서 동일한 일을 하신다. 하나님은 너무나 사랑하는 독생자, 아들 예수님께 영원한 기쁨이 될 만한 대상을 찾고 계신다. 그 대상이 누구일까? 바로 신부이다.

은 보석, 금 보석 그리고 의복으로 자신을 아름답게 단장한 하나님 아들의 신부, 바로 이것이 지금부터 우리의 정신을 집중해야 하는 주제이다. 사랑하는 독자들이여, 이 창세기 24장의 기록을 아브라함 후손들의 역사나 가족사의 이야기로만 생각하지 말라. 왜냐하면 이제부터 우리가 살펴볼 이 이야기는 우리의 관심을 사로잡을 만큼 매우 흥미로운 이야기일 뿐만 아니라, 매우 중차대한 교훈을 담고 있는 일종의 서사시적 비유이기 때문이다.

창세기 24장의 시작 부분에서 우리는 아브라함이 그의 종 엘리에셀에게 자기 고향, 자기 친족에게 가서 아들 이삭을 위해 신부를 데리고 올 것을 지시하는 장면을 볼 수 있다.

엘리에셀에게서 우리는 잘 준비되고 충성스러운 종의 모습뿐만 아니라 기도로 무장한 메신저의 모습을 볼 수 있다. 과연 헤브론으로부터 멀리 떨어진 메소보타미아의 나홀의 성까지의 여정이 과연 순조롭기만 했을까? 그렇지 않았을 것이다. 하지만 이 신실한 종은 자기 주인의 아들의 마음에 흡족한 신부를 데리고 사막을 다시 건너올 기쁨으로 가득 차 있었다. 지금 우리에게는 동일한 사명을 띠고 하늘로부터 오신 분이 계신다. 바로 성령님이시다. 성령님께서 우리에게로 내려오셨다. 천사들 옆을 지나 타락한 인간에게 화평의 복음을 전달하고자 오셨다. 성령님은 아담의 후손들에게서 신부가 될 사람들을 불러 모으시고, 아버지께로부터 "만물"을 상속받은 아들을 위해 이 신부와 함께 세상이라는 광야 길을 지나고자 하신다. 성령님은 만유의 주가 되시는 신랑에게서 받은 보석으로 자신을 단장하고, 마침내 자신이 사모하던 신랑을 만나 그 앞에 서게 될 행복한 순간을 꿈꾸는 신부를 안전하게 인도하는 일을 하고 있다.

  당신은 과연 하늘의 보좌에 앉아 자신의 신부인 교회와 영광 중에 연합하기를 바라는 살아계신 신랑이 있으며, 그 신랑께서 자신이 대신 죽으실 만큼 사랑하는 신부와 함께 보좌의 모든 영광과 위엄을 나누기를 기다리고 있다는 것을 생각해본 일이 있는가? 그건 사실이다. "그리스도께서는 교회를 사랑하시고 그 교회를 위하여 자신을 주셨다." 그리스도를 믿은 신자는 개인적으로 "그리스도께서 나를 사랑하시고 나를 위해 그 자신을 주셨다"고 고백할 수 있다. 교회의 구성원을 이루고 있는 사람은 얼마나 행복하고 복이 있는가! 독자여, 그대는 과연 신랑과 신부가 만나는 날의 기쁨을 기대하고 있는가? "어린 양의 혼인기약이 이르렀고 그의 아내가 자신을 준비했기에" 온 하늘이 환희의 절정에 들어갈 때 그 기쁨에 동참할 것을 고대하며 가슴이 설레고 있는가?

우리는 성경 두 군데에서 천군천사들이 기뻐 어쩔 줄 몰라하며 즐거워하는 모습을 찾아볼 수 있다. 첫 번째, 주님의 탄생의 장면에서, "홀연히 수많은 천군이 그 천사들과 함께 하나님을 찬송하여 이르되 지극히 높은 곳에서는 하나님께 영광이요 땅에서는 하나님이 기뻐하신 사람들 중에 평화로다"(눅 2:13,14)라고 했다. 그리고 또 한 번 어린양의 혼인예식에서, "보좌에서 음성이 나서 이르시되 하나님의 종들 곧 그를 경외하는 너희들아 작은 자나 큰 자나 다 우리 하나님께 찬송하라 하더라 또 내가 들으니 허다한 무리의 음성과도 같고 많은 물소리와도 같고 큰 우렛소리와도 같은 소리로 이르되 할렐루야 주 우리 하나님 곧 전능하신 이가 통치하시도다 우리가 즐거워하고 크게 기뻐하며 그에게 영광을 돌리세 어린 양의 혼인기약이 이르렀고 그의 아내가 자신을 준비하였으므로 그에게 빛나고 깨끗한 세마포 옷을 입도록 허락하셨으니 이 세마포 옷은 성도들의 옳은 행실이로다."(계 19:5-8)고 했다.

당신은 여기에 묘사된 신부의 일원이길 원하는가? 필자는 지금 "당신은 구원받고 싶습니까?" 혹은 "지옥 가지 않는 방법을 알고 싶습니까?"라고 묻는 것이 아니다. 다시 묻겠다. "당신은 하나님이 당신을 더 높은 부르심으로 부르시는 목적에 이르길 원하는가? 하나님이 지금 당신에게 보여주시는 그 영예를 얻기를 갈망하는가? 하나님이 당신에게 주길 원하시는 영광과 위엄을 진정 바라는가? 당신은 이것을 받아들이겠는가 아니면 거절하겠는가? 과연 어느 쪽인가? 잠시 머뭇거리고 고민할 이유가 있는가?" 영원의 시간을 지옥의 어두움에서 보내는 것보다 하늘의 영광과 그 밝음 가운데에서 하나님의 아들의 행복한 신부로서 보내는 것이 훨씬 낫지 않은가! 당신의 죄들로 엮은 끈에 칭칭 감긴 채 지옥에 갇혀있는 것보다 예수님의 사랑으로 엮은 사랑의 끈에 매여 천국에서 지내는 것이 훨씬 낫지 않을까? 어쨌든 당신은 둘 중 하나의 상태로 영원한 시간을 보내게 될 것이다.

다시 본문으로 돌아가 그 내용을 자세히 살펴보자. 이 일이 일어나고 있는 장소는 멀리 떨어진 메소보타미아였고, 그곳에서 종은 오직 한 사람의 마음을 얻기 위해 이야기를 펼치고 있다. 그녀는 자신이 태어난 나라와 사랑하는 모든 것을 버려두고, 단 한 번도 본 적이 없지만 종을 통해서 전해들은 남자의 신부가 되기 위해 따라 나설 참이었다.

엘리에셀의 임무는 아주 간단했고 또 명확했다. 그는 진실되고 충성된 종이었다. 그 종의 유일한 갈망은 자기 주인을 잘 섬기는 것이었다. 그는 12-14절에서 이렇게 말하고 있다.

"우리 주인 아브라함의 하나님 여호와여 원하건대 오늘 나에게 순조롭게 만나게 하사 내 주인 아브라함에게 은혜를 베푸시옵소서 성 중 사람의 딸들이 물 길으러 나오겠사오니 내가 우물 곁에 서 있다가 한 소녀에게 이르기를 청하건대 너는 물동이를 기울여 나로 마시게 하라 하리니 그의 대답이 마시라 내가 당신의 낙타에게도 마시게 하리라 하면 그는 주께서 주의 종 이삭을 위하여 정하신 자라 이로 말미암아 주께서 내 주인에게 은혜 베푸심을 내가 알겠나이다."

이것은 하나님의 종으로 섬기는 우리 모두에게 얼마나 아름다운 본보기인가! 우리는 하나님을 섬기는 모든 일에서 성공하려면 더욱 많이 기도하고 또 하나님을 더욱 의지해야 할 것이다! 그러면 우리는 동일하게 복된 결과를 바랄 수 있을 것이다. 그는 기도했고, 기도에 대한 응답을 그리 오래 기다리지도 않았다. 그의 기도가 마치자마자 바로 응답이 왔다.

"말을 마치기도 전에 리브가가 물동이를 어깨에 메고 나오니 그는 아브라함의 동생 나홀의 아내 밀가의 아들 브두엘의 소생이라 그 소녀는 보기에 심히 아리땁고 지금까지 남자가 가까이 하지 아니한 처녀더라 그가 우물로 내려가서 물을 그 물동이에 채워가지고 올라오는지라."(15-16절)

이어지는 말씀에서 종이 얼마나 주인이 맡긴 일에 열심이었는지를 보라.

"종이 마주 달려가서 이르되 청하건대 네 물동이의 물을 내게 조금 마시게 하라 그가 이르되 내 주여 마시소서 하며 급히 그 물동이를 손에 내려 마시게 하고 마시게 하기를 다하고 이르되 당신의 낙타를 위하여서도 물을 길어 그것들도 배불리 마시게 하리이다 하고"(17-19절)

죄인의 모형인 리브가는 이렇게 우물가에서 하늘로부터 거룩한 메시지를 가지고 온 전령(messenger)을 만났다. 사랑하는 독자여, 하나님께서 당신의 영혼을 이렇게 만나게 되면 얼마나 기뻐하실까? 분명 기뻐하실 것이다. 어쩌면 당신은 하나님의 존전에 나아가기 위해 당신이 무언가를 해야 하거나 또는 무슨 조건을 갖추어야 한다고 생각할지 모른다. 그것은 당신이 잘못 알고 있는 것이다. 리브가는 평상시처럼 물을 길으러 나갔다가 엘리에셀을 만났다. 마찬가지로 죄인인 당신도, 있는 모습 그대로 하나님 앞에 나아갈 때 주 예수 그리스도에 대한 하나님의 증거를 받게 된다.

물을 긷는다는 것은 무엇을 의미하는 것일까? 이것은 만족되지 못하고 영혼이 목마른 사람의 행동을 표현한다. 우리는 신약성경에서 사마리아 동네 우물가에 물을 길으러 왔던 한 여인을 볼 수 있다. 주님은 그런 그녀에게 이렇게 말씀하셨다.

"네가 만일 하나님의 선물과 또 네게 물 좀 달라 하는 이가 누구인 줄 알았더라면 네가 그에게 구하였을 것이요 그가 생수를 네게 주었으리라 여자가 이르되 주여 물 길을 그릇도 없고 이 우물은 깊은데 어디서 당신이 그 생수를 얻겠사옵나이까 우리 조상 야곱이 이 우물을 우리에게 주셨고 또 여기서 자기와 자기 아들들과 짐승이 다 마셨는데 당신이 야곱보다 더 크니이까 예수께서 대답하여 이르시되 이 물을 마시는 자마다 다시 목마르려니와 내가 주는 물을 마시는 자는 영원히 목마르지 아니하리니 내가 주는 물은 그 속에서 영생하도록 솟아나는 샘물이 되리라."(요 4:10-14)

이 구절에 담긴 진리는, 당신은 그리스도를 개인적으로 만나야 한다는 것과 그럴 때 당신의 영혼이 만족하게 된다는 것을 비유적으로 가르쳐주고 있다. 왜냐하면 영적으로 갈급한 영혼의 필요를 채울 수 있는 분은 오직 예수 그리스도 외에는 없기 때문이다. 엘리에셀이 리브가를 만났던 것처럼 주님께서도 당신을 만나주신다. "청하건대 네 물동이의 물을 내게 조금 마시게 하라"(창 24:17)는 것이 그처럼 갈급한 영혼을 찾아서 온 종이 처음으로 한 말이었다.

마찬가지로 요한복음 4장에서도 복되신 주님께서 부정한 죄인 사마리아의 여자의 마음을 얻고자 하셨을 때, "물을 좀 달라"는 말로 대화를 시작하셨다. "물을 좀 달라"는 말은 참으로 은혜로운 말씀이었다. 그렇게 시작된 대화는 그녀로 하여금 자신의 죄를 깨닫게 하고, 하늘의 최고의 선물(그리스도 자신)을 이 땅의 가장 추악한 죄인(그녀 자신)에게 계시해줌으로써 그분의 은혜의 선물을 받게 해주었으며, 그녀로 하여금 그처럼 신성한 축복의 장소로 사람들을 데려오고자 하는 뜻에서 동네로 달음질하게끔 했다. 그리고 이렇게 말했다.

"내가 행한 모든 일을 내게 말한 사람을 와서 보라 이는 그리스도가 아니냐?"(요 4:29)

사랑하는 독자여, 이런 것이 사람의 마음을 얻기 위해 이와 같이 자신을 낮추신 은혜의 하나님이 취한 아름다운 방식이다. 은혜가 나의 마음을 사로잡았다. 당신의 마음 또한 그분에게 내어드리지 않겠는가?

리브가의 마음을 얻고, 그녀와 동행하여 그녀의 어머니의 집으로 들어간 엘리에셀은 자신의 임무를 소개하기 시작한다. 그의 진지한 모습과 태도를 보라.

"내가 내 일을 진술하기 전에는 먹지 아니하겠나이다."(창 24:33)

그리고 무슨 말을 했는가? 그는 이렇게 말했다.

"나는 아브라함의 종이니이다 여호와께서 나의 주인에게 크게 복을 주시어 창성하게 하시되 소와 양과 은금과 종들과 낙타와 나귀를 그에게 주셨고 나의 주인의 아내 사라가 노년에 나의 주인에게 아들을 낳으매 주인이 그의 모든 소유를 그 아들에게 주었나이다 나의 주인이 나에게 맹세하게 하여 이르되 너는 내 아들을 위하여 내가 사는 땅 가나안 족속의 딸들 중에서 아내를 택하지 말고 내 아버지의 집, 내 족속에게로 가서 내 아들을 위하여 아내를 택하라 하시기로"(34-38절)

우리가 읽은 것과 같이 엘리에셀의 최우선적인 관심은 주인의 독생자 아들에 대한 소식을 전달하는 것이었다. 종은 아버지의 사랑이 줄 수 있는 그 모든 소유를 다 받아 부유하고 풍성한 삶을 사는 사람, 그리고 자신이 사명을 띠고 온 이야기를 하면서 곧 그녀의 신랑이 될 이삭에 대해서 소개하기 시작했다.

이삭은 우리에게 그리스도를 상기시킨다. 그는 그리스도의 모형이다. 창세기 22장에는 예수님의 죽음과 부활의 놀라운 모형이 있다. 이에 대해서 히브리서 11장 17-19절은 이렇게 소개하고 있다.

"아브라함은 시험을 받을 때에 믿음으로 이삭을 드렸으니 그는 약속들을 받은 자로되 그 외아들을 드렸느니라 그에게 이미 말씀하시기를 네 자손이라 칭할 자는 이삭으로 말미암으리라 하셨으니 그가 하나님이 능히 이삭을 죽은 자 가운데서 다시 살리실 줄로 생각한지라 비유컨대 그를 죽은 자 가운데서 도로 받은 것이니라."

그리스도께서 죽으셨다가 다시 살아나셨고 또 하늘의 영광 가운데 승천하시기 전에는, 성령님께서 신랑이 이 세상에 부재해 있는 기간 동안 신부를 얻기 위해서 이 땅에 오실 수가 없었다.

이삭이 자신의 기업 혹은 신부를 얻기 전에, 그는 이미 부활을 경험한 상속자였다. 그렇다면 이삭은 영광 가운데 자기와 더불어 신부를 소유하기 전에 먼저 교회를 위해 죽으신 우리 주님의 모형이다. 그래서 성경은 "한 알의 밀이 땅에 떨어져 죽지 아니하면 한 알 그대로 있고 죽으면 많은 열매를 맺느니라."(요 12:24)고 말한다. 원형(原形)이 모형(模型)을 얼마나 아름답고 빛나게 하는지를 보라. 이 얼마나 경이롭고 복된 진리인가! 하나님은 그의 강하신 팔로 이삭을 죽음에서 구해내셨지만 자기의 사랑하는 독생자 아들은 죽음에 처하도록 하셨다. 하나님의 아들 예수 그리스도는 십자가에 달리셔서 수치 가운데 죽어야만 했으며, 무덤에 묻히셨지만 다시 살아나셨다. 이 모든 것은 교회를 대표해서 하신 일이었다. 하나님을 찬송할지라. 그리스도께서 다시 사신 것은 대속(代贖)을 위한 죽으심과 피 흘리신 공로에 근거해서 교회를 "자신의 합법적인 소유"로 주장할 권리를 얻기 위한 것이었다.

성령님은 하나뿐인 독생자 아들을 어떻게 소개하고 있는가? 아버지의 모든 것이 다 아들의 것이다.

"아버지께서 아들을 사랑하사 만물을 다 그의 손에 주셨으니"(요 3:35)

영광 중에 계신 인자는 아버지에게서 모든 것을 받은 분이시다.

"하나님이 그를 지극히 높여 모든 이름 위에 뛰어난 이름을 주사 하늘에 있는 자들과 땅에 있는 자들과 땅 아래에 있는 자들로 모든 무릎을 예수의 이름에 꿇게 하시고 모든 입으로 예수 그리스도를 주라 시인하여 하나님 아버지께 영광을 돌

리게 하셨느니라."(빌 2:9-11)

성경은 모든 것이 예수님께 주어졌다는 증거들로 가득하다. 그러나 하나님의 심중 가운데 남아있는 한 가지, 예수님께 준 모든 것들보다 훨씬 크고 위대한 가치가 있는 것, 예수님에게도 값을 따질 수 없는 선물이 될 만한 것, 바로 그것은 그를 돕는 배필이 될 "신부"였다. 하나님의 아들이 신부를 지극히 사랑하므로 이 세상에 오셨고 또 그녀를 얻기 위해서 자신의 목숨을 버리신 사실을 생각해 볼 때 얼마나 놀라운 것인가! 그리스도는 교회를 사랑하신다. 성경은 우리에게 이렇게 말한다.

"그는 그 앞에 있는 기쁨을 위하여 십자가를 참으사 부끄러움을 개의치 아니하[셨다.]"(히 12:2)

예수님은 이렇듯 위대한 사랑으로 교회를 사랑하셨다. 그리스도는 신부를 위해서 하늘 아버지의 집을 떠났다. 신부를 위해서 "간고를 많이 겪었으며 질고를 아는" 자가 되셨다. 그래서 조롱당하시고, 고통당하셨으며, 마침내 두 죄인과 함께 십자가에 달리셨다. 하지만 그의 모든 고통은 영광 가운데서 자기와 함께 영원히 거할 흠 없는 신부를 얻는 것으로 열매를 맺게 되었다. 신부를 소유하기 위한 모든 일이 완료되었고, 장차 교회는 신부로서 영원히 그분의 것이 될 것이다. 이 사실이 그리스도께서 이 땅 가운데 계실 동안 그분의 마음을 강건하게 해주는 힘이었고, 말로 표현할 수 없는 고통 가운데서도 사모하는 마음으로 견디게 해주는 힘이었다. 그리스도는 아버지의 뜻을 행하셨고, 의로우신 하나님의 요구에 따라 엄청난 값을 치르고 자신의 신부가 될 자들을 구원하신 것이다. 참으로 값비싼 속량이 아닌가! 진실로 위대한 사랑이 아닌가! 그분이 당한 모든 고난과 수고가 온전히 보상받게 될 것이라는 사실을 알게 될 때 우리 마음은 기쁨으로 가득해진다. 영광 가운데서 자기와 함께 자신의 신부인 교회를 소유하게 될 때 그리스도의 마음은 완전한 기쁨으로 가득하게 될 것이다.

"그분과 나는 그 밝은 영광 가운데서
하나된 깊은 즐거움을 함께 나누네.
나의 기쁨은 그분과 영원히 함께 하는 것
그분의 기쁨은 내가 거기에 있는 것."

오, 사랑하는 독자이여. 당신도 그곳에 있을 것인가? 하나님은 당신이 이 기쁨과 사랑을, 자신의 모든 것을 상속한 아들과 함께 누리기를 원하신다. 하지만 당신은 이렇게 말한다. "어떻게 이것이 나를 위한 것일 수 있나요? 과연 하나님께서 이것을 나를 위해서 준비하셨단 말인가요?" 이 질문에 대한 나의 대답은 매우 간단하다. 리브가는 엘리에셀이 이삭을 위해 찾던 대상이 자신이라는 것을 어떻게 알았을까? 그녀는 이 점에 대해서 전혀 의심하지 않았다. 왜냐하면 종의 곁에 서서 그가 라반에게 상세히 이야기하는 내용을 들었다. 42-52절을 보라. 우물가에서 "주께서 정하신" 그녀를 만나게 해달라고 종이 어떻게 기도했으며, 그가 물을 달라고 청했을 때 그 요구에 응할 뿐만 아니라 낙타에게도 물을 마시게 한 것으로 그녀가 기도의 응답인 것을 알아차리게 되었다는 모든 내용을 들었던 것이다. 이제 리브가는 자신이 그 기도에 정확히 일치하는 자이며, 따라서 종이 찾고 있던 장본인이라는 것을 알게 되었다.

만일 예수님께서 찾고 계시는 자가 당신인지 아닌지 의심이 된다면 계속 들어보라. 당신은 죄인인가? 그렇다면 이 말씀을 보라.

"미쁘다 모든 사람이 받을 만한 이 말이여 그리스도 예수께서 죄인을 구원하시려고 세상에 임하셨다 하였도다."(딤전 1:15)

"알겠습니다. 그렇지만 내가 정말 구원받기로 '정해진' 자인지는 확신할 수 없습니다. 다른 말로 하면, 과연 내가 선택받은 자인지 아닌지 모르겠어요."

내가 주님께 나아온 그 날 밤, 나도 그것을 알지 못했다. 하지만 내가 알았던 것은 내가 "길을 잃은 영혼"이라는 사실이었다. 당신도 그 사실을 알고 또 인정하고 있는가?

"네. 정말 그렇습니다. 저는 길을 잃었어요."

만일 당신의 대답이 그렇다면 아주 좋다. 구주 예수님의 말씀을 들어보자.

"인자가 온 것은 잃어버린 자를 찾아 구원하려 함이니라."
(눅 19:10)

자, 이제 어떻게 생각하는가? 당신은 예수님이 찾고 있는 사람인가? 당신이 "죄인"이라고 인정하고, 더 나아가 "길을 잃었다"고 한다면, 하나님께서는 그런 당신 때문에 예수님을 보내셨다고 말씀하실 것이다. 이제 예수님께서 당신을 찾고 계시다는 결론에 이르렀는데, 그렇다면 당신은 거기서 어떻게 도망을 칠 것인가? 그렇게 하는 것은 가능하지 않다. 당신은 진정 그분을 원하는가? 기꺼이 하나님의 놀라운 구원을 받아들이겠는가? 이것은 당신 영혼을 위한 공개적인 질문이다. 하나님은 당신에게 이 질문을 제시하셨고, 이제 당신에겐 이 선물을 받아들일 것인가 아니면 거절할 것인가의 선택이 남아있다.

하늘 영광 가운데로 승천하신 하나님의 아들께서는 마지막

한 영혼의 마음을 얻고자 인내하면서 기다리고 계신다. 당신의 마음을 예수님께 드리겠는가? 당신을 세상에 묶고 또 사탄의 노예로 살도록 옭아맨 강한 사슬들이, 신랑이신 예수 그리스도께서 사랑스러운 음성으로 "내게로 오라"고 당신을 부르시는 부드러운 음성에 의해서 끊어지고 부수어지는 것을 보고 싶은가? 당신은 골고다의 어두운 장면을 떠올려보고, 거기서 당신을 얻고자 모진 고난을 당하신 그분을 보고도, 여전히 당신의 마음의 연정을 그분에게 드리기를 거절할 수 있는가? 결코 그래서는 안된다.

저 멀리 하늘로부터 온 전령처럼 하나님의 이름으로 당신에게 묻고 싶다.

"예수님께로 나아가겠는가?"

나는 리브가의 가족의 말을 빌려 말하겠다.

"이 사람과 함께 가려느냐?"

당신의 마음 속에서 기쁨으로 "가겠나이다."라고 대답해보라. 그분의 아름다움을 보라. 그분은 "일만 명 가운데 가장 뛰어나시고"(아 5:10), "그 전체가 사랑스러운"(아 5:16) 분이시다. 그렇다면 당신이 그분의 것이 되었다는 진리 안에서 기뻐하길 바란다. 그분은 오랜 인내와 강렬한 사랑으로 당신을 기다리고 계신다. 그분은 당신 마음의 문을 두드리고 계신다. 오, 영혼아, 그분에게 문을 열어드려라. 그분은 진실한 사랑의 마음에서 비롯된 깊은 애정으로 당신의 마음을 사로잡길 바라신다. 당신을 그분 자신에게로 끌어당기신다. 오늘도 당신을 부르시며 그분의 음성을 다시 한번 당신의 귀에 들려주신다.

"내게로 오라."

리브가가 주저 없이 "내가 가겠나이다."라고 말한 그 대답이 당신의 대답이 되게 하라. "내가 가겠나이다."라는 대답 속에는 얼마나 확고한 결단이 내포되어 있는지 모른다. 당신은 리브가의 결단 보다 더 확고한 결단을 내릴 수 있다. 리브가가 바라본 소망은 이 땅의 기쁨에 속한 것이었고, 이 땅의 슬픔으로 빛이 바랠 수도 있고 또 죽음으로 끝나는 것이었다. 하지만 지금 당신 앞에 제시되고 있는 소망은 완전하고, 끝없이 영원하고, 아무것도 가릴 것이 없는 기쁨이며, 하늘에서 예수님과 함께 하게 될 영광스러운 것이다. 은혜와 자비로 가득하신 하나님은 당신이 지은 죄들로 인해 추락한 현재적인 타락 상태에서 끌어올리시고, 구원받지 못한 모든 영혼들을 기다리는 참혹하고도 영원한 형벌로부터 당신을 건지실 것을 제안하고 계신다. 하나님은 당신을 만유의 주인이신 주님의 신부로, 하늘의 모든 영광과 사랑의 교제에 참여하도록 초대하신다.

이것이 바로 복음을 통해서 모든 죄인의 귀에 들려주시는 성령의 부르심이다. 죄인을 하나님의 임재 가운데 설 수 있도록 해주는 것은 예수님께서 십자가에서 완수하신 사역 덕분이다. 이것은 엘리에셀이 리브가에게 주었던 "은 보석, 금 보석, 그리고 의복"으로 상징되었다. 다음 장에서 주님의 도우심을 받아 이 부분을 살펴볼 것이다.

제 2장
신부의 "은 보석"

"은금 패물과 의복을 꺼내어 리브가에게 주고 그의 오라버니와 어머니에게도 보물을 주니라."(창 24:53)

　죄인의 영혼에 하나님의 말씀이 처음으로 전해졌을 때 자신이 하나님의 존전에 합당한 자인지를 돌아보게 하는 것이 하나님의 말씀이 가진 영향력이다. 과연 내가 하나님께 나아가기에 합당한 자인가? 라는 질문은 일깨움을 받은 영혼이라면 자연스럽게 도달하게 될 것이며, 복음을 통해서 하나님의 부르심을 느낀 영혼이라면 자신이 그럴만한 자격이 없다는 절망감으로 화답하게 될 것이다. 하나님의 복음이 가진 완전성은 죄인을 하나님께로 부르는 것으로 끝나지 않고, 그 영혼에게 오는 길을 보여줄뿐더러 하나님께 열납(또는 수용)될 수 있는 방법을 알게 해준다. 다시 말해서, 복음은 범죄한 죄인을 하나님의 존전 앞에서, 깨끗하게 해주고, 용서받게 하고 그리고 행복한 사람이 되는데 필요한 모든 것을 제공해준다.

더 나아가, 복음은 우리 영혼이 그리스도를 향해 마음을 정하기 전에 하나님의 사랑하시는 아들에 대한 하나님의 메시지를 믿게 될 모든 사람을 위해 그분의 사역과 그 결과를 펼쳐 보여준다. 이러한 진리가 이 장을 여는 성경 구절에 도드라지게 묘사되어 있다. 이삭을 위한 신붓감을 찾은 후, 엘리에셀은 즉시 자신의 이야기의 진실성을 보증하는 물건들을 꺼냈다. 이 보석들은 종의 이야기를 들은 신붓감이 자신의 가난이나 이러한 보석들의 결핍을 이유로 신부로서 자격의 부적절성을 내세울 수 없게 하는 대비책이었다. 은 보석, 금 보석, 그리고 의복은 그가 떠나온 곳, 곧 그녀가 초대받은 곳의 영광에 어울리는 것들이었다. 일단 리브가가 그 보석들로 자신을 단장하고 그 옷을 입어보았을 때, 그녀에게 매우 잘 어울릴 뿐만 아니라 자신을 부르고 있는 영광스러운 곳에 합당하도록 만들어 주었다. 이러한 선물들은 "엄청난 부를 가진 남편"을 둔 아내들이 소유할 만한 의복이나 장신구들이 자신에겐 없다는, (또는 자신이 영적으로 가난하고 궁핍하다는 식으로) 리브가가 핑계를 댈 수 있는 두려움들을 충분히 사라지게 했을 것이다. 그 뿐만이 아니다. 리브가는 이삭의 신부가 되겠다는 결정을 내리기도 전에 이미 그것들을 선물로 받았고 소유하게 되었다.

사랑하는 독자여, 이 모든 것을 당신에게 적용해보자. 하나님은 자기 아들을 위한 대상으로 당신을 원하신다. 그리고 성령님은 복음을 통해서 "그리스도께서는 자신의 죽음을 통해서 당신을 하나님의 존전에 합당한 사람이 되게 하는 일을 완성하셨다."고 말씀하신다.

당신은 어쩌면 "하나님은 나를 기꺼이 받아주실지 모르지만, 난 여전히 하나님께 나아갈 자격이 없어. 어떻게 나 같은 죄인이 예수님과 함께 영광 중에 있을 수 있단 말인가?"라며 주저할지 모른다.

자격 없음의 문제로 물러서지 말라. 하나님은 이미 자신의 존전에 합당하도록, 그리고 하나님이 당신을 부르시는 그 천상세계에 어울리도록 당신 앞에 보석들과 의복을 준비하신 후 당신을 초대하셨다. 하늘나라에 합당한 모든 자격을 당신에게 부여하신 분이 하나님이시다. 그 사실을 잊지 말라. 당신 스스로 자격을 갖출 수는 없었다. 당신 스스로 자격을 갖추려는 모든 시도는 결국 더러운 넝마 같은 옷을 걸치는 것으로 끝날 것이다.

리브가는 전령으로 온 그 종의 말에 귀를 기울였고, 그 선물들을 받았다. 그리고 종은 아버지의 모든 기업을 상속받을 외아들이자, 모든 부와 영예를 가진 주인의 아들에 대해서 이야기해 주었다. 또한 종은 그 아들을 위한 신부를 찾고 있다고 이야기했고 그녀는 상세히 듣고 나서 자신이 그가 찾는 대상임을 알아차렸다. 그녀는 이삭의 아내가 되라는 요청을 받았다. 과연 리브가는 자격 여부를 생각했을까? 혹은 "그가 과연 나를 원할까요?"라는 질문을 했을까? 그렇지 않다. 두려워하고 의심하는 자여, 하늘의 신랑이 당신을 원한다. 기꺼이 따라가겠는가? 오, 죄인이여. 깨어라. 그가 원하는 사람은 바로 당신이다. 리브가는 이삭의 신부로서 자신이 누리게 될 땅에 속한 부와 명예를 미리 생각했을 것이다. 물론 그러한 것들이 대단한 것이긴 해도, 하늘에서 그리스도와 연합을 이룰 때 당신이 누리게 될 영광 앞에서 그러한 것들은 하찮은 것이 될 것이다.

53절에서 우리는 "은금 패물과 의복을 꺼내어 리브가에게 주고 그의 오라버니와 어머니에게도 보물을 주니라"라는 구절을 읽을 수 있다. 이제 곧 그녀가 들어가게 될 높은 신분에 합당한 신부의 예복으로 단장하는 것을 볼 수 있다. 독자여, 당신도 어린양의 신부가 되도록 단장하고 싶은가? 리브가에게 그랬던 것처럼, 당신을 위해서도 모든 것이 준비되어 있다. 리브가처럼 "은금 패물과 의복을" 당신도 받아들이겠는가? 이 얼마나 값지고 진귀한 보석들인가! 좀 더 자세히 살펴보자.

은 보석(Jewels of silver)이 가장 먼저 언급되고 있다. 이 은 보석의 아름다움을 볼 때 우리는 그 위에 "구속"이라고 새겨진 반짝거리는 글자를 보게 된다. 금이 하나님의 의(義)의 상징이라면 의복(옷)은 합당한 자격을 갖추는 것을 의미한다. 따라서 참 신자는 3가지를 소유하고 있다. 첫 번째로 구속(救贖), 두 번째로 의(義), 세 번째로 의복이다. 이 세 가지는 모두 거저 얻는 선물이다. 우리가 값을 치를 필요가 없다. 수고하고 애쓸 필요가 없다. 엘리에셀이 리브가에게 주었고, 그녀는 그것을 받았다.

은 보석의 의미는 출애굽기 30장 12-16절에 나타나 있다. 우리는 은이 영혼에 대한 속전(贖錢), 혹은 속량(贖良) 그리고 '구속(救贖)'과 연결되어 있는 것을 볼 수 있다.

"네가 이스라엘 자손의 수효를 조사할 때에 조사 받은 각 사람은 그들을 계수할 때에 자기의 생명의 속전을 여호와께 드릴지니 이는 그것을 계수할 때에 그들 중에 질병이 없게 하려 함이라 무릇 계수 중에 드는 자마다 성소의 세겔로 반 세겔을 낼지니 한 세겔은 이십 게라라 그 반 세겔을 여호와께 드릴지며 계수 중에 드는 모든 자 곧 스무 살 이상 된 자가 여호와께 드리되 너희의 생명을 대속하기 위하여 여호와께 드릴 때에 부자라고 반 세겔에서 더 내지 말고 가난한 자라고 덜 내지 말지며 너는 이스라엘 자손에게서 속전을 취하여 회막 봉사에 쓰라 이것이 여호와 앞에서 이스라엘 자손의 기념이 되어서 너희의 생명을 대속하리라."

우리는 구속이라는 단어가 출애굽기에서 처음으로 언급되고, 요한계시록에서 마지막으로 언급되어 있는 것을 볼 수 있다. 이 단어는 성경 전반에 걸쳐 나타나고 있으며, 장엄한 천국의 노래를 통해서 최고조에 이르고 있다.

"주께서 책을 받으시고 그 인봉을 떼기에 합당하시도다 일찍이 죽임을 당하사 각 족속과 방언과 백성과 나라 가운데에서 사람들을 피로 사서(구속해서) 하나님께 드리셨도다."(계 5:9)

예수님의 피는 신자를 위한 속전(贖錢)이다. 사랑하는 독자여, 예수님의 보혈이 바로 당신에게 주시는 은 보석이다. 당신은 그것을 받아들이겠는가? 그 여부에 따라 당신은 구속을 받거나 아니면 영원히 잃어버리게 될 것이다. 옛날과 마찬가지로 오늘날도 동일하다. "부자라고 더 내지 말고 가난한 자라고 덜 내지 말라." 부자나 가난한 자, 모든 사람이 똑같이 구주를 필요로 한다. 동일한 구주의 희생적인 죽음을 통한 속량, 즉 동일한 속전을 필요로 한다. 그 구주께서 바로 그리스도이시다. 그리스도는 처음과 나중이 되신다. 우리는 모두 그분께 빚진 자들이다. 오직 그리스도만이 우리의 구원자이시다. 그분이 바로 우리의 귀중한 은 보석이다.

출애굽기 38장 25-27절로 돌아가 보자.

"계수된 회중이 드린 은은 성소의 세겔로 백 달란트와 천칠백칠십오 세겔이니 계수된 자가 이십 세 이상으로 육십만 삼천오백오십 명인즉 성소의 세겔로 각 사람에게 은 한 베가 곧 반 세겔씩이라 은 백 달란트로 성소의 받침과 휘장 문의 기둥 받침을 모두 백 개를 부어 만들었으니 각 받침마다 한 달란트씩 모두 백 달란트요."

신자의 모형인 성막의 널(board)은 모두 은 받침대가 지지하고 있는 것을 알 수 있다. 다시 말해, 모든 것이 구속(救贖)에 기초하고 있으며, 모든 것이 대속(代贖)에 터 잡고 있음을 모형적으로 우리에게 교훈하고 있다. 그렇다면 이 은 보석은 하나님의 눈에 얼마나 아름답고 값진 것일까? 우리 또한 이 하늘의 선물을 가치 있게 여겨야 하지 않겠는가?

구속은 성경에서 얼마나 자주 언급되고 있는지 모른다! 신약성경에서 몇 구절을 살펴보자. 우선 인간이 범죄한 이후 하나님과 인간 사이의 관계의 새로운 토대를 놓아주는 내용을 다루고 있는 서신서를 살펴보자. 로마서 3장 23-25절이다.

"모든 사람이 죄를 범하였으매 하나님의 영광에 이르지 못하더니 그리스도 예수 안에 있는 속량으로 말미암아 하나님의 은혜로 값 없이 의롭다 하심을 얻은 자 되었느니라 이 예수를 하나님이 그의 피로써 믿음으로 말미암는 화목제물로 세우셨으니 이는 하나님께서 길이 참으시는 중에 전에 지은 죄를 간과하심으로 자기의 의로우심을 나타내려 하심이라."(롬 3:23-25)

인간의 죄가 하나님의 은혜와 만났다. 하나님의 은혜가 구속주(Redeemer)를 예비했고, 그 구속주의 흘린 피를 통해서 구속이 완성되었다. 죄인은 하나님께서 반드시 심판하실 죄의 결과들로부터 현재적이고도 영원한 구속을 받으려면 오로지 예수님을 믿어야만 한다.

인간이 범죄한 이후, 죄인과 죄에 대한 하나님의 심판은 장차 크고 흰 보좌에서 이루어질 것이다. 바로 그 전에, 그리스도께서 개입하셨고, 죄를 대신 지셨으며, 십자가에서 죄가 되셨다. 십자가에서 하나님의 모든 심판을 감당하셨고, 그로 인해 하나님의 모든 의로운 요구를 온전히 만족시켰으며, 속죄와 화해를 이루셨다. 그 결과, 그분을 믿고 의지하는 가련한 죄로 물든 영혼을 위한 구속(救贖)이 이루어지게 되었다. 여기서 우리는 구속(redemption)과 구입(purchase)의 차이를 구분할 줄 알아야 한다.

내가 만일 노예를 구입했다면, 노예는 나의 소유이며, 그는 여전히 노예이다. 하지만 내가 만일 노예를 구속했다면, 나는 그가 노예였던 상태와 신분에서 벗어나게 해줄 것이다. 내가 그를 구속한 순간부터 그는 더 이상 노예가 아니라 내가 그를 구속한 효력에 의해서 자유인이 된다. 어쩌면 나는 엄청난 값을 지불했을 터이지만, 그는 이제 너무도 기뻐하고 있다. 따라서 구입은 노예의 발에 계속 족쇄를 채워놓지만, 구속은 그들을 묶고 있던 족쇄를 풀어주며 자유롭게 해준다.

이처럼 구속이야말로 복음이 하는 일이다. 복음은 복음을 믿는 죄인을 의로우신 하나님의 심판으로부터 벗어나게 해준다. 이는 그리스도께서 그 심판을 대신 받으심으로써, 사탄을 이기셨을 뿐만 아니라 사탄이 가진 현재적 권세를 도로 찾아오셨기 때문이다. 이 얼마나 복된 구속주(救贖主)이신가! 이 얼마나 놀라운 구속인가! 누가 과연 구속주를 마다 할 것이며, 믿음으로 얻는 구속을 거절할쏜가?

다시 성경을 보자.

"너희는 하나님으로부터 나서 그리스도 예수 안에 있고 예수는 하나님으로부터 나와서 우리에게 지혜와 의로움과 거룩함과 구속함이 되셨으니"(고전 1:30)

이 구절은 그리스도께서 우리의 구속이 되셨다는 사실을 얼마나 명백하게 서술하고 있는가! 당신은 이것을 믿는가? 기꺼이 구속되길 원하는가?

다시 성경을 보자.

"그리스도께서 우리를 위하여 저주를 받은 바 되사 율법의 저주에서 우리를 구속하셨으니 기록된 바 나무에 달린 자마다 저주 아래에 있는 자라 하였음이라."(갈 3:13)

그리스도께서 우리를 위해 이 이상 무엇을 더 하실 필요가 있는가? 그는 "단번에" 우리를 구속하셨다. 한 번이면 충분하다. 왜냐하면 그 한번으로 하나님의 모든 의로운 요구를 만족시켰기 때문이다.

우리는 그리스도의 피로 구속을 받는다. 오, 이 사실을 기억하라. 만일 당신이 그 보배로운 피를 피난처로 삼지 않고, 당신 마음에 의지하지 않는다면, 결코 하나님의 심판을 피할 수 없다. 피가 없다면 애굽의 유월절 밤에 애굽인들에게 임했던 동일한 심판이 당신에게도 임할 것이다. 그렇다면 당신은 영원한 심판에 처하게 될 것이다.

당신은 구속(救贖)의 의미를 생각해 본 적 있는가? 있다면 그것은 당신에게 어떤 영향을 끼쳤는가? 구속의 의미가 무엇인가? 구속은 바로 당신이 지은 죄로 인해서 받아야 하는 심판으로부터 자유롭게 되었다는 뜻이다. "죄의 삯은 사망이다." 오, 죄인이여! 장차 올 진노로부터 피하여 안전한 곳에 거하고 싶지 않은가?

이제 에베소서 1장 7절을 보자.

"우리는 그리스도 안에서 그의 은혜의 풍성함을 따라 그의 피로 말미암아 구속 곧 죄 사함을 받았느니라."

여기서 우리는 하나님의 사랑하시는 자, 곧 그리스도를 통해서 구속을 받았을 뿐만 아니라 하나님의 은혜의 풍성함을 따라 우리가 지은 죄들의 용서를 받았음을 볼 수 있다.

다시 말해서, 앞서 살펴본 것처럼, 하늘에 계신 신랑께서 보석함을 여셔서 이처럼 귀한 은 보석을 당신에게 주고자 하신다. 이것을 무시하지 말라. 다시는 이처럼 보배로운 선물이 당신에게 주어지지 않을 수도 있다. 지옥의 고통 속에서 극심한 후회를 하지 않으려면 이것을 거절하지 말라. 지옥의 불길과 타는 고통으로부터의 구원받을 수 있는 구속(救贖)이 당신 앞에 있는데, 그것을 거절하는 실수를 하지 말라.

다시 성경을 보자.

"그 아들 안에서 우리가 구속 곧 죄 사함을 얻었도다."(골 1:14)
"그가 우리를 대신하여 자신을 주심은 모든 불법에서 우리를 구속하시고 우리를 깨끗하게 하사 선한 일을 열심히 하는 자기 백성이 되게 하려 하심이라."(딛 2:14)

이 성경의 구절들을 보라. 그리스도께서 무엇을 주셨는가? 자기 자신을 주셨다. 누구를 구속하기 위한 것인가? 바로 이 구속의 은 보석을 받게 될 모든 사람을 위한 것이다. 그리스도께서 바로 성소의 반 세겔이실 뿐만 아니라 안식과 구원을 찾는 모든 이들을 위한 성소이시다.

히브리서 9장 11-12절을 보면, 우리는 그 구절이 영원한 구속을 말하고 있음을 볼 수 있다.

"그리스도께서는 장래 좋은 일의 대제사장으로 오사…염소와 송아지의 피로 하지 아니하고 오직 자기의 피로 영원한 구속을 이루사 단번에 성소에 들어가셨느니라."

성령께서는 이 구절을 통해서 우리에게 현재적이고, 보배롭고, 완전한 구속에 대해서 말씀하신다. 그리스도께서 완전하시므로 그분의 사역도 완전하다.

"너희가 알거니와 너희 조상이 물려 준 헛된 행실에서 구속(救贖)함을 받은 것은 은이나 금 같이 없어질 것으로 된 것이 아니요 오직 흠 없고 점 없는 어린 양 같은 그리스도의 보배로운 피로 된 것이니라."(벧전 1:18)

이 구절은 단지 구속에 대한 희망을 제공하는 것에 불과한 것이 아니라, 구속이 확실히 이루어진 사실임을 확증하고 있다. 그래서 성경은 "너희가 알거니와"라고 말하고 있다. 그렇다면 사랑하는 독자여, 당신도 확실히 알기를 바란다. 이는 하나님의 아들의 보배로운 피가 당신을 구속하기 위해서 흘려졌기 때문이다.

당신이 순전한 마음으로 예수님을 믿기만 한다면, 당신도 승천하신 하나님의 어린양께 올리는 천국의 노래를 부를 수 있는 권리를 가지게 된다.

"두루마리를 가지시고 그 인봉을 떼기에 합당하시도다 일찍이 죽임을 당하사 … 사람들을 피로 구속하셔서 하나님께 드리셨음이라."(계 5:9)

잘 보라! "피로 구속하셔서 하나님께 드리셨음을!" 당신이 예수님을 믿는다면, 영원한 지옥 불 못과 심판으로부터 건짐 받게 될 뿐만 아니라 바로 지금 "구속을 받아 하나님께 드리신"바 될 것이다. 곧바로 하늘나라에 가는 것은 아니지만, 하나님의 존전에 설 수 있게 되는 것이다. 예수님을 믿는 모든 신자는 진정 그렇다고 말할 수 있다. 이것은 그리스도께서 죽으심으로써 이루어낸 결과이다.

"그리스도께서도 단번에 죄를 위하여 죽으사 의인으로서 불의한 자를 대신하셨으니 이는 우리를 하나님 앞으로 인도하려 하심이라."(벧전 3:18)

사랑하는 독자여. 이처럼 복된 하나님의 진리를 믿는가? 부디 이 진리를 가벼이 여기지 않길 바란다. 만일 이 진리를 무시한다면 당신의 영과 혼과 몸은 영원한 파멸로 치닫게 될 것이다.

종이 리브가에게 "은 보석"을 "주었던" 것처럼, 나 또한 세상을 향한 하나님의 선물 꾸러미를 당신에게 주고자 한다. 바로 구속주(Redeemer)이자 구주(Savior)이신 하나님의 아들이다. 부디 이 복되신 구주를 마음에 받아들이고, 현재적인 복으로서 "구속"을 누리길 바란다. 노예는 자기 힘으로 스스로를 구속할 수 없고, 이것은 당신도 마찬가지이다.

"아무도 자기의 형제를 구속하지 못하며 그를 위한 속전을 하나님께 바치지도 못한다."(시 49:7)

만일 당신이 형제를 구속할 수 없을진대, 당신 자신을 구속하는 일도 마찬가지이다. 반드시 다른 이가 당신을 위해서 이 일을 해주어야 한다. 이 일을 하실 수 있는 유일한 한 분이 예수님이시다. 구속의 역사는 완성되었다. 그리스도께서 "자기 목숨을 많은 사람의 대속물"로 주셨기 때문이다. 우리의 구속을 위해서 지불하신 대가를 보라. 바로 자기 목숨을 내어주셨다! 당신은 계속해서 그분을 믿는 것을 거절하고자 하는가? 그렇게 하지 말라. 그분을 신뢰하라. 그분을 당신의 구속(救贖)을 이루신 구속주로 받아들이라. 그리고 주권적인 은혜로 당신을 위해서 마련한, 값을 따질 수 없는 가치를 지닌 "은 보석"으로 당신을 단장하기를 부끄러워하지 말고, 항상 이렇게 노래하자.

"나를 구속하신 주! 얼마나 아름다우신지.
그 이름 속에 나타내셨네.
오 주 예수님.
영광 가운데 그 이름이 높으시네.
나를 구속하신 주,
내게 구원을 베푸셨네."

제 3장
신부의 "금 보석"

"은 금 패물과 의복을 꺼내어 리브가에게 주고"(창 24:53)

종이 리브가를 불러내기 위해 왔을 때, 그는 그녀가 가야 할 곳에 어울리도록 그녀를 꾸며줄 물건들을 가지고 왔다. 우리는 앞서 은 보석, 즉 구속의 가치를 살펴보았다. 이제 "금 보석"에 대해 살펴보자.

성경에서 금은 하나님의 의(義)를 상징하고 있다. 그런 이유로 구약성경의 많은 부분에서 금이 언급되고 있는데, 특별히 성막과 성소에 대해서 서술하는 곳에서 자주 볼 수 있다. 그 이유는 금이 통치와 심판에서 나타나는 하나님의 의(공의, 정의)

를 상징하고 있기 때문이다.

예를 들어, 언약궤를 생각해보자.

"그들은 조각목으로 궤를 짜되 길이는 두 규빗 반, 너비는 한 규빗 반, 높이는 한 규빗 반이 되게 하고 너는 **순금으로 그것을 싸되** 그 안팎을 싸고 위쪽 가장자리로 돌아가며 **금 테를 두르고**…내가 네게 줄 증거판을 궤 속에 둘지며"(출 25:10,11,16)

언약궤는 하나님이 공의 가운데 친히 나타나시는 보좌였고, 만일 누군가 의로울 수 있다면, 하나님께 가까이 나아갈 수 있었다. 그렇게 가까이 나아가고자 하는 하나님은 무한히 거룩하신 분이시다. 거룩은 순결을 기뻐하고 악을 미워하는 본성이다. 그러므로 하나님은 보좌에 앉으셔서 공의로 심판하실 뿐더러 거룩성과는 정반대되는 악을 권세로 심판하신다. 게다가 (하나님께서 사람에게 요구하시는 의로운) 율법이 언약궤 안에 있었다. 그렇지만 감사하게도 율법은 속죄소로 덮여있었다.

누군가는 말한다.
"속죄소가 없는 궤를 생각해 보라. 율법을 덮는 덮개가 없었다고 생각해보라. 그랬다면 그 우뢰와 같이 의로운 판결의 형벌을 막을 수 있는 것은 아무것도 없었을 것이다. 범죄한 인간이 어찌 그 앞에 설 수 있겠는가? 거룩하고 의로우신 하나님이 어떻게 그곳에서 죄인을 만나 주실 수 있겠는가? 그런 언약궤에서 자비와 은혜가 베풀어질 수 있겠는가? 불가능하다! 덮개가 없는 언약궤는 심판의 보좌일 뿐, 결코 자비의 보좌가 아니다."

이 사실을 우리 자신보다 더 잘 아시는 하나님은 이렇게 말씀하셨다.

"순금으로 속죄소를 만들되 길이는 두 규빗 반, 너비는 한 규빗 반이 되게 하고 금으로 그룹 둘을 속죄소 두 끝에 쳐서 만들되 한 그룹은 이 끝에, 또 한 그룹은 저 끝에 곧 속죄소 두 끝에 속죄소와 한 덩이로 연결할지며 그룹들은 그 날개를 높이 펴서 그 날개로 속죄소를 덮으며 그 얼굴을 서로 대하여 속죄소를 향하게 하고 속죄소를 궤 위에 얹고 내가 네게 줄 증거판을 궤 속에 넣으라 거기서 내가 너와 만나고 속죄소 위 곧 증거궤 위에 있는 두 그룹 사이에서 내가 이스라엘 자손을 위하여 네게 명령할 모든 일을 네게 이르리라."(출 25:17-22)

그룹들(케루빔)이 내려다보는 형상으로 하나님의 보좌의 근간이 되는 속죄소가 만들어졌다. 모두 순금으로 만들어졌다. 언약궤와 그 덮개를 통해서 우리는 인간과 주 예수님 속에 있는 하나님의 의(義)가 놀랍게 연결되어 있는 것을 볼 수 있다. 주 예수님은 인간으로서 순종하심으로도, 아버지께 대한 사랑으로도 완벽하셨고, 하나님께 대하여 인간으로서의 책임도 완벽하게 다하는 삶을 사셨다. 뿐만 아니라 그분은 하나님을 영화롭게 하셨다. 하나님께서 인자에 의해서 영광을 받으신 것과 인자께서 합법적으로 하나님의 영광에 들어갔을 뿐만 아니라 아버지 앞에 나아갈 수 있는 것은 모두, 의(義)가 이루어졌기 때문이다. 우리가 그리스도께서 계신 곳에 들어갈 수 있는 것도 그리스도와 및 우리를 위해서 완성하신 그리스도의 사역을 통해서 하나님의 의(義)가 완성되었기 때문이다.

조각목과 율법의 두 돌 판은 언약궤 안에 있었고, 모든 것이 하나님의 의를 상징하는 금 덮개로 덮여 있었다.

하나님 가장 가까이에 서있는 천사들인 케루빔(그룹들)은, 성경을 보면, 항상 하나님의 법을 집행하는 권세와 연결되어 있고 또 권세를 가지고 재판을 집행하는 집행자로 소개되고 있다. 그룹들은 금으로 되어 있었는데, 사실 그들이 바라보고 있는 얼굴의 방향이 매우 중요하다. 그들은 속죄소 안을 바라보고 있다. 왜일까? 그들은, 만일 죄인된 인간이 죄를 미워하시고 그 죄를 반드시 심판해야만 하는 거룩하신 하나님께 나아가고자 한다면 하나님의 도덕적 본성이 요구하는 것이 무엇인지를 속죄소 위에서 바라볼 수 있었다. 그렇다면 그들은 속죄소 위에서 무엇을 보았을까? 바로 피였다. 그렇다. 하나님 앞에서 책임을 다하는데 실패한 사람들을 위하여 속죄가 이루어진 증거로서 피가 반드시 속죄소 위에 발라져야 했다. 하나님의 보좌가 요구하는 것은 피를 통해서만 만족될 수 있었다. 피는 죽음이 이루어진 것을 상징했다. 피가 뿌려짐으로써 죄인된 인간이 하나님께 나아가는 것이 가능하게 되었고, 그룹들은 피를 보면서 하나님의 요구가 모두 충족된 것을 볼 수 있었던 것이다.

하나님께서 요구하시는 의가 속죄의 피를 통해서 해결되는 것을 지켜보는 것은 얼마나 위안이 되는지 모른다! 이로써 우리는 의롭다하심을 받고 속죄소 가까이로 나아갈 수 있게 되었다.

우리는 신약성경에서 금을 사용해서 동일한 진리를 교훈하고 있는 것을 볼 수 있다. 예를 들어서, 심판의 책인 요한계시록을 보면 이 사실이 매우 두드러지게 나타나 있다. 거기서 사도 요한은 말한다.

"일곱 금 촛대를 보았는데 촛대 사이에 인자 같은 이가 발에 끌리는 옷을 입고 가슴에 금띠를 띠고"(계 1:12,13)

사도 요한은 예수님을 자주 보았고, 자주 친밀한 사귐을 누렸으며, 생명과 평안을 주시는 그분의 말씀을 들었고, 그분의 따스한 가슴에 머리를 뉘었으며, 그 정도로 그분을 잘 알았다. 그런데 지금 요한이 부활하신 그리스도를 보았을 때, 발에 끌리는 옷을 입고 계시는 그리스도를 보았을 때, 그는 그분을 알아보지 못했던 것 같다. 발까지 끌리는 옷은 그리스도께서 대제사장직을 수행하실 때, 그분의 위엄 있는 판결과 관련되어 있으며, 금띠는 지금 영광 중에 계신 그리스도 안에서 빛나는 하나님의 의를 말해주고 있다.

요한계시록에서 그리스도는 자신을 떠난 사람들을 심판으로 경고하신다. 대제사장으로서의 위엄과 심판이 여기에 소개되어 있다. 더 이상 인간의 필요를 충족시키는 은혜는 없다. 다만 죄인을 향한 심판만이 있을 뿐이다.

하나님의 의를 상징하는 금띠는 이사야서 11장 5절에서 더욱 분명히 제시되어 있다. 이 구절에서 하나님의 영께서는 천년왕국 시대에 공의로 이 세상을 통치하시는 그리스도의 사법적인 치리(治理)에 대해서 말씀하고 있다.

"공의로 그의 허리띠를 삼으며 성실로 그의 몸의 띠를 삼으리라."(사 11:5)

또 다시 주님은 라오디게아 교회에게 말씀하셨다.

"네가 말하기를 나는 부자라 부요하여 부족한 것이 없다 하나 네 곤고한 것과 가련한 것과 가난한 것과 눈 먼 것과 벌거벗은 것을 알지 못하는도다 내가 너를 권하노니 내게서 불로 연단한 금을 사서 부요하게 하고 흰 옷을 사서 입어 벌거벗은 수치를 보이지 않게 하고 안약을 사서 눈에 발라 보게 하라."(계 3:17,18)

이 얼마나 엄중한 말씀인가! 누구에게 하시는 말씀인가? 우리 영혼의 의(義)로서 그리스도가 없이, 그저 자신을 부요하다고 여기는 교회를 향해서가 아닌가!

독자여, 당신은 다만 종교로서 기독교를 받아들인 사람인가? 당신은 하나님 앞에서 당신의 의로움으로서 (부활하여 영광 중에 계신) 그리스도를 소유하고 있는가? 만일 입술만의 신앙고백자라면, 당신은 우선적으로 참되고 확실한 의(義)를 소유할 필요가 있으며, 그리스도에게서 그 의로움을 사기 위해선 그리스도의 영광의 복음에 귀를 기울여야 한다. 의(義)를 얻으려면 오직 하늘 영광 가운데 계신 그리스도를 통해서만 가능하기 때문이다.

이제 사람이 하나님 앞에 서려면, 하나님이 소유하신 의와 동일한 의(義, righteousness, 공의)를 소유해야 한다. 당신의 생각엔 인간에게 무슨 의(義)가 있는가? 없다. 그럼에도 공의로우신 하나님 앞에 서기 위해서 인간은 반드시 의롭게 되어야 한다. 사람은 흔히 이렇게 말한다. "하나님의 존전 앞에 서기 위해서 필요한 모든 것을 해보겠어." 하지만 정작 하나님 앞에 서게 되면 자신에게는 어떠한 의로움도 없음을 알게 된다. 이사야서 64장 6절을 보라.

"무릇 우리는 다 부정한 자 같아서 우리의 의는 다 더러운 옷 같으며"

아, 인간은 자신의 노력으로 스스로 의로워 질 수 없기에 하나님께서 거저 베풀어 주신 것을 받아들이면 된다는 하나님의 진리의 말씀을 왜 받아들이지 않는 것인가!

하나님은 사람에 대해서 "의인은 없나니 하나도 없으며"라는 말씀을 무려 세 번이나 언급하셨다(시 14편, 시 53편, 롬 3장). 그럼에도 불구하고 수많은 영혼들이 사탄이 쳐놓은 올가미에 빠진 채, "하나님의 의를 모르고 자기 의를 세우려고 힘써 하나님의 의에 복종하지 아니"하고 있다(롬 10:3). 사랑하는 독자여, 당신도 이와 같은 부류 중 하나인가? 만일 그렇다면, 하나님께서 이 책을 사용하셔서 당신의 노력이 얼마나 어리석은지를 보여주시길 기도한다.

자, 복음의 핵심은 이것이다. 인간이 철저히 속수무책으로 죄인되고, 또 하나님 앞에 합당한 의(義)를 갖출 수 있는 능력이 조금도 없었을 때, 하나님은 그리스도의 사역, 즉 주 예수님의 죽음과 부활을 통하여 하나님의 의(義)를 예수님을 믿는 모든 사람들에게 주심으로써, 하나님의 존전 앞에 아무 거리낌 없이 평안 가운데 설 수 있는 자격을 주셨다. 인간이 하나님을 위한 의로움이 없었을 때, 하나님은 인간을 위한 의를 가지고 계셨던 것이다.

바로 이 점이 내가 독자들에게 소개하기를 원하는 로마서 3장의 내용이다. 하나님 앞에 서기 위해서 당신이 무언가 선행(善行)을 해야 한다고 생각한다면 20절 말씀이 어떻게 그러한 생각을 불식시키는지를 보라.

"그러므로 율법의 행위로 그의 앞에 의롭다 하심을 얻을 육체가 없나니 율법으로는 죄를 깨달음이니라."(롬 3:20)

이 말씀을 그냥 흘려보내지 말라. 율법은 죄를 인식하고, 적발하고, 판단한다. 거기에 더하여 다만 죄인을 정죄할 뿐이다. 그렇다면 율법은 우리를 의롭게 할 수 없을뿐더러 의롭게 하는 일에 아무런 도움도 주지 않는 것이 분명하다. 인간의 노력으로 율법을 지킬 수 없다면 이제 어떻게 해야 하는가? 그 대답은 명백하다.

"이제는 율법 외에 하나님의 한 의가 나타났으니 율법과 선지자들에게 증거를 받은 것이라 곧 예수 그리스도를 믿음으로 말미암아 모든 믿는 자에게 미치는 하나님의 의니 차별이 없느니라 모든 사람이 죄를 범하였으매 하나님의 영광에 이르지 못하더니"(21-23절)

모든 사람이 죄를 범했고, 하나님 앞에 합당한 열매들을 맺지 못했으며, 모든 사람이 의(義)와는 아무 상관도 없는 삶을 살고 있었다. 하지만 하나님은 자신의 의를 모든 사람에게 나타내셨고, 이제는 (율법을 행하는 자가 아니라) 모든 믿는 자에게 자신의 의(義)를 주신다.

이렇게 복음을 통해서 나타내신 의(義)는 모든 사람들을 위한 것이다. 즉 이 의(義)는 우주적이다. 왜냐하면 모든 믿는 자에게 적용되기 때문이다. 그럼에도 한계는 있다. "믿는 자"에게만 적용되기 때문이다. 왜 이러한 한계가 필요한 것인가? 그 이유는 "의(義)"는 "행위"에 속한 것이 아니라, 우리 쪽의 "믿음"에 속한 것이고 또 하나님 쪽의 "은혜"에 속한 것이기 때문이다. 그래서 성경은 "그리스도 예수 안에 있는 속량으로 말미암아 하나님의 은혜로 값없이 의롭다 하심을 얻은 자 되었느니라 이 예수를 하나님이 그의 피로써 믿음으로 말미암는 화목제물로 세우셨으니 이는 하나님께서 길이 참으시는 중에 전에 지은 죄를 간과하심으로 자기의 의로우심을 나타내려 하심이니 곧 이 때에 자기의 의로우심을 나타내사 자기도 의로우시며 또한 예수 믿는 자를 의롭다 하려 하심이라"(롬 3:24-26)고 말한다. 하나님의 의(義)는 이렇게 선포되었다. 즉 하나님은 예수님을 믿는 사람을 의롭다고 하심으로써 자신도 의로우시다. 이것은 새로운 교리가 결코 아니다. 왜냐하면 "아브라함이 하나님을 믿으매 이것이 저에게 의로 여기신바 되었[고,]"(롬 4:3) 훗날, 다윗도 "일한 것이 없이 하나님께 의로 여기심을 받는 사람의 복에 대하여 다윗이 말한 바 불법이 사함을 받고 죄가 가리어짐을 받는 사람들은 복이 있고 주께서 그 죄를 인정하지 아니하실 사람은 복이 있도다."(롬 4:6-7)라고 선포했기 때문이다.

이 모든 것의 요점은, 가련한 죄인들에게 복을 가져다주는 것이 결코 인간의 선한 행위에 있지 않고, 오직 하나님의 은혜에 있다는 점이다. 독자여, 스스로의 행위로 의롭다함을 받고자 애쓰고 있는가? 당신은 "일하는 자에게는 그 삯이 은혜로 여겨지지 아니하고 보수로 여겨지거니와 일을 아니할지라도 경건하지 아니한 자를 의롭다 하시는 이를 믿는 자에게는 그의 믿음을 의로 여기[신다]"(롬 4:4-5)는 하나님의 말씀을 읽어

본 일이 있는가?

내가 만일 한 주에 50만원을 받고 당신을 위해 일하기로 하고, 내가 일을 다 끝냈을 때 당신이 나에게 돈을 지불하는 것은 바르고 공정한 것이다. 이것은 채무에 속한 일이다. 하지만 만일 내가 해야 할 일을 다 끝내지 못했음에도 당신이 와서 나에게 100만원을 주었다면 그것은 은혜이다. 이와 동일하게 하나님께서 행하신 것이다. 죄 짓는 것 말고는 어떤 것도 할 수 없던 우리를 위해, 그리스도께서 은혜 가운데 오셨고, 십자가에서 죄들을(sins) 짊어 지셨을 뿐만 아니라 죄(sin)가 되셨다. 모든 죄에 대한 심판을 예수님께서 감당하셨고, 영원한 속죄를 이루심으로써 하나님을 영화롭게 하셨다.

이에 대한 증거는 명백하다. 왜냐하면 하나님께서 "예수 우리 주를 죽은 자 가운데서 살리셨고, 예수님은 우리가 범죄한 것 때문에 내줌이 되고 또한 우리를 의롭다 하시기 위하여 살아나셨[기]"(롬 4:24,25) 때문이다. 그렇다면 이렇게 하나님의 의를 정당화시키는 것은 무엇인가? 간단하게 말하자면, 그리스도의 공로 덕분이다. 우리 때문에, 그리고 죄들을 없애기 위해서 그리스도께서 십자가를 지셨고 또 십자가에 달리신 것이다. 우리가 받아야 할 심판을 그리스도께서 대신 받으신 것이다. 그리스도께서 "많은 사람의 죄(들)"(히 9:28)을 지신 순간,

공의로우신 하나님께서 그분을 내버리셨다. 그리스도께서 외치신 외침을 들어보라.

"나의 하나님 나의 하나님 어찌하여 나를 버리셨나이까?"

이 외침에 대한 대답이 무엇인지 아는가? 하나님은 그리스도를 죽은 자 가운데서 살리셨고, 그리스도를 믿는 모든 사람을 의(義) 가운데 받으셨을 뿐만 아니라, 하늘에서 그리스도와 연합을 이루게 하셨다.

좀 더 자세히 살펴보자. 그리스도는 십자가에서 내가 받아야 할 사망과 심판의 자리에 들어가셨고, 이제 나는 그리스도의 피를 믿는 믿음을 통해서 하나님 앞에서 그리스도의 자리에 들어왔다. 이것이 진정 사실인가? 그렇다. 분명한 사실이다. 이 모든 것이 그리스도 덕분이다. 따라서 그리스도께서는 내가 처한 자리에서 나를 꺼내기 위해서 나의 자리를 차지하셨고, 은혜로서 기꺼이 나와 함께 그 영광의 자리를 나누길 원하셨기 때문에, 나는 그분의 자리에 참여하게 된 것이다. 하나님을 대적하고 범죄했을 뿐인 나를 하나님은 의롭다고 하실 뿐더러, 그렇게 선언하시는 하나님 자신도 의로우시다. 왜냐하면 그리스도께서 나의 죄 때문에 내어줌이 되고 또 정죄를 받으셨을 뿐만 아니라 하나님께서는 그리스도와 및 나를 위한 그리스도의 구속의 역사를 기뻐하셨고 또 만족하신 증거로 그를 죽은 자 가운데서 다시 살리셨기 때문이다. 어찌 보면, 나의 죄를 나에게 정죄하지 않고 자기 아들에게 정죄하신 하나님이 불의하신 것은 아닌가 하고 의문을 제기할 수도 있다. 하지만 그렇지 않다. 하나님은 의로우시다. 사도 요한이 고백한 것처럼, 하나님은 "미쁘시고 의로우사"(요일 1:9) 자기의 사랑하는 아들을 믿고 의지하는 모든 영혼들을 의롭다 하심으로써 자신의 의로우심을 나타내셨다. 하나님은 이렇게 죄를 심판하셨을 뿐만 아니라, 동시에 죄인일지라도 예수님을 믿는 자들을 의롭다고 하신다. 그렇게 하나님의 의가 선포되었다.

하나님 앞에 합당하면서 또 인간을 하나님의 존전에 합당하게 만들어 주는 의, 그래서 우리가 정말로 필요로 하는 의(義), 그리고 하나님에 의해 제공되면서 또 신자만이 소유하게 되는 이러한 의(義)를 소유하게 되는 이처럼 놀라운 방법의 조합은 참으로 아름답지 않은가!

의(義)의 세 겹줄은 신자를 하나님과 함께 묶어준다. 그래서 성경은 "세 겹 줄은 쉽게 끊어지지 아니하느니라."(전 4:12)라고 말한다. 이처럼 의(義)의 금 줄을 이루고 있는 세 가닥의 줄은 다음 세 가지로 되어 있다. **(1) 은혜, (2) 보혈, (3) 믿음**

1. 하나님의 은혜는 칭의의 근원이다.
"그리스도 예수 안에 있는 속량으로 말미암아 **하나님의 은혜로 값없이 의롭다 하심을 얻은 자 되었느니라.**"(롬 3:24)

2. 그리스도의 보혈은 칭의의 수단이다.
"그러면 이제 우리가 **그의 피로 말미암아 의롭다 하심을 받았으니** 더욱 그로 말미암아 진노하심에서 구원을 받을 것이니"(롬 5:9)

3. 영혼의 믿음은 칭의의 원리이다.
"그러므로 우리가 **믿음으로 의롭다 하심을 받았으니** 우리 주 예수 그리스도로 말미암아 하나님과 화평을 누리자."(롬 5:1)

이상의 하나님의 말씀들이 진리라면, 사람이 의롭다 함을 얻는데 꼭 필요하다고 당신이 주장하는 "행위"는 어디에 있는가? 적어도 로마서에서는 찾아볼 수 없다. 어쩌면 누군가 야고보서를 언급할지도 모르겠다.

"이로 보건대(Ye see then) 사람이 행함으로 의롭다 하심을 받고 믿음으로만은 아니니라."(약 2:24)

물론 이 구절도 진리이며, 꼭 필요한 말씀이다. 하지만 잠시도 바울과 야고보의 의견이 충돌하고 있다고 생각지 말라. 진리는 이렇다. 로마서에서 우리는 오직 믿음으로 말미암아 하나님 앞에서 의롭다하심을 받았다. 야고보서에서 우리는 행함으로 사람 앞에서 의롭게 된다. 하나님은 믿음을 보실 수 있지만 사람은 볼 수 없다. 반면 사람들은 행함을 본다. 하나님은 둘 다 보실 수 있지만, 분명한 것은 믿음이 존재하고 난 후의 행함을 보신다는 것이다.

또 다른 사실이 있다. 신자는 주 예수님을 믿음으로 인해 모든 범죄들로부터 의롭다하심을 받았을 뿐 아니라 "은혜와 의의 선물을 넘치게 받는 자들은 한 분 예수 그리스도를 통하여 생명 안에서 왕 노릇 하[게]"(롬 5:17) 되었다. "의의 선물"은, 우리의 노력과 수고로 획득하는 것이 아니라, "받는 것이다." 믿음에 의해서 의의 선물을 받은 사람, 곧 그것을 소유한 사람은 자신이 "생명 안에서 왕 노릇"하게 될 것을 확신할 수 있다. 이 사실이 "의롭다 하심을 받아 생명에 이르렀음"을 의미하는 "생명의 칭의(justification of life)"(롬 5:18)란 표현과 참으로 아름답게 연결되어 있다. 이 성경의 표현은 신자가 들어간 현재적인 신분을 선명하게 드러내준다.

"그런즉 한 범죄로 많은 사람이 정죄에 이른 것 같이 한 의로운 행위로 말미암아 많은 사람이 생명의 칭의에 이르렀느니라 한 사람이 순종하지 아니함으로 많은 사람이 죄인 된 것 같이 한 사람이 순종하심으로 많은 사람이 의인이 되리

라."(롬 5:18,19, 다비역 참조)

18절에서 우리는 아담의 행적과 그리스도의 행적의 대조적인 면을 볼 수 있다. 아담의 행적은 "정죄"를 가져왔고, 그리스도의 행적은 "생명의 칭의"를 가져왔다. 19절에서 우리는 그 효과를 볼 수 있다. 아담의 불순종은 그의 모든 가족을 "죄인"으로 만들었다. 그리스도의 죽음에 이르는 순종은 그리스도의 보혈을 믿는 믿음에 의해서 그분의 가족이 된 모든 사람을 "의인"으로 만들었다.

이제 믿음에 의해서 그리스도와 연결되는 순간, (1) 아담의 자손으로서 나의 과거 삶의 모든 죄와 범법들이 그리스도의 사역을 통하여 의롭게 되며, (2) 로마서 6장 23절에서 "영생"으로 부르는 새로운 생명을 소유하게 될 뿐만 아니라, 또한 "생명의 칭의"을 얻게 됨으로써 "생명 안에서 왕 노릇"하는 삶을 살게 된다. 이 모든 것은 하나님에게서 의롭다 함을 얻고, 죽었다가 다시 살아나시고 지금은 하나님의 보좌 우편에서 영광 가운데 계시는 그리스도와 연합을 이룬 덕분이다.

고린도후서 5장 21절도 읽어보자.

"하나님이 죄를 알지도 못하신 이를 우리를 대신하여 죄로 삼으신 것은 우리로 하여금 그 안에서 하나님의 의가 되게

하려 하심이라."(고후 5:21)

진리는 이러하다. (부활하신) 그리스도가 하나님 앞에서 신자의 의(로움)이다. 이제 신자는 하나님의 의(義)의 대상일 뿐만 아니라 의의 증인이 되었다. 신자는 (죽으셨다가 다시 살아나신 인자이신) 그리스도께서 들어가신 자리, 하나님께 가장 가까운 바로 그 자리에, 생명과 영광 안에 들어가 있다. 신자와 그리스도는 하나의 동일한 존재로 여김을 받는다. 그리스도께서 의로운 분이시듯 그리스도와 연합을 이룬 모든 그리스도인은 그리스도 안에 있는 의로움을 소유한 자가 되고, 지금 그리스도께서 들어가신 하나님의 영광에 합당한 사람으로 여겨진다. 십자가에서 그리스도는 우리의 죄와 수치, 죄책감 그리고 죽음을 모두 떠안으심으로써 우리와 동일시되셨다. 그리스도의 대속(代贖)의 죽음을 통해서 우리가 저지른 모든 죄와 악행들이 하나님 앞에서 완전히 그리고 영원히 사라졌다. 죽은 자 가운데서 다시 살아나시고, 새로운 가족의 머리가 되신 그리스도께서는 자신을 신뢰하고 그래서 "형제"라 부르는 모든 사람들을 동일한 생명, 동일한 신분, 그리고 영광 가운데 계신 하나님 앞에 있는 동일한 자리에서 자신과 연합을 이루고 계신다.

결론적으로 사랑하는 독자에게 묻고 싶다. 이처럼 복스러운 복음의 전령이 당신 앞에 펼쳐 보인 이 "금 보석"을 받아 들였는가? 당신은 진정 "의의 선물"을 받았는가? 만약 아직 받지 못했다면, 이처럼 중요한 선물 받기를 더 이상 지체하지 않기를 진실로 바란다. 있는 모습 그대로 예수님께로 나오라. 그분을 영접하라. 그분을 영접한다는 것은 여기에 소개된 것보다 훨씬 더 좋은 모든 신령한 복을 받는다는 의미이다. 왜냐하면 하나님께서 우리에게 주시는 모든 복된 것은 그리스도라는 분 안에 싸여있기 때문이다. 당신이 일단 그분을 영접하면 모든 것을 받게 될 것이다. 누군가 다음과 같이 쓴 것을 함께 읽어보자.

"부활하신 그리스도께서
율법의 의를 완성하셨네.
하나님의 의는 너무도 탁월한 것
나는 보았네.
하늘 영광 중에 계신 인자께서
죽으심을 통해서 옛 창조를 마감하시고
새로운 창조의 머리가 되심으로써
의의 통로가 되셨네.
인자께서 영광 중에 계시니
나도 그분 안에 그곳에 있네.
하나님 아버지 앞에

나도 그만큼 가까이 있네.
말로 할 수 없는 부요함으로 가득한 그곳
내 앞에 펼쳐져 있네.
모든 것의 시작이 되시는 그분이
친히 금 보석이 되어주셨네.
사탄 아래 팔린 채
잃어버린 바 되었던 죄인이
이제는 금 같은 그분의 의를 힘입어
영광의 광채 가운데 빛나네.
우리가 마침내 바라봐야 할
영광 중에 계신 그리스도.
리브가가 그러했듯
이 모든 것은 금 보석을 받음으로 시작된 것일세."

제 4장
신부의 "의복"

"은금 패물과 의복을 꺼내어 리브가에게 주고 그의 오라버니와 어머니에게도 보물을 주니라."(창 24:53)

우리는 지금까지 "은 보석"과 "금 보석"에 대해 살펴보았다. 이제 "의복"에 대해서 살펴보자. 그 전에 당신에게 꼭 말하고 싶은 것이 있다. 아무리 영광스러운 복음이 당신의 귀에 들려진다 해도, 당신에게 아무런 영향을 끼치지도 않고 또 당신이 누구이며 하나님이 누구신지, 그리고 그분이 당신을 위해 무슨 일을 하셨는지에 대해서 아무런 감동도 주지 못했다면, 이처럼 영광스러운 복음을 듣는 일은 그저 시간 낭비에 불과할 수 있다. 복음을 듣고도 구원을 위해서 주님께로 돌이키지 않았다면, 복음을 들은 일은 이미 죄짐을 잔뜩 짊어진 당신에게 복음을 받아들이지 않은 중대한 책임의 무게를 더하는 것이 될 뿐이다.

하나님은 지금 이 시간 영광 중에 계신 그리스도와 연합을 이루도록 은혜 가운데로 들어오라고 당신을 부르고 계신다. 하나님은 그리스도와 함께 하는 자리로 당신을 초대하신다. 그리스도께서 인간의 죄와 악함이 있는 이곳에 내려오실 수 없기 때문에, 하나님은 영광 중에 계신 그리스도와 함께 하는 자리를 우리에게 주신다. 게다가 하나님은 그리스도께서 받으신 모든 복을 우리에게 나누어주신다. 엘리에셀은 이삭을 위한 신부를 얻기 위해 가나안에서부터 밧단아람까지 길을 떠났다. 마찬가지로 그리스도는 영광 가운데 계시고, 성령님께서 오순절에 하늘로부터 내려오셔서 그때로부터 지금까지 끊임없이 영혼들을 그리스도께로 인도하는 일을 하신다. 이 길에는 과거에도 그랬고, 앞으로도 그럴 것이지만 언제나 방해와 어려움들이 있다. 하나님께서 우리를 위해 예비하신 복들, 그 중에 가장 큰 복인 "그리스도와 하나로 연합되는 복"을 누리지 못하도록 사탄이 계속해서 방해하기 때문이다. 하지만 사탄과 이러한 복을 모르는 사람들의 방해를 모두 무너뜨릴 수 있는 것은 하나님이 당신에게 복주기를 원하신다는 사실이다. 하나님께서 당신에게 정말 복주기를 원하실 뿐더러 복 주고자 기다리고 계신 사실을 믿는가?

　독자여, 당신에게 꼭 맞을뿐더러 하나님의 임재 안에 들어갈 수 있는 진정한 자격을 주는 그것을 소유했는가? 그리스도와 더불어 이 영광을 누릴 밝은 소망이 당신에게 있는가? 당신이 하나님의 존전 앞에 서기 전에, 당신은 반드시 합당한 의복을 갖추어야 한다. 품격 있는 천상의 의복을 입어야 한다. 그 의복은 바로 그리스도이시다. 하나님께서 당신을 위해서 그처럼 아름다운 의복을 준비하셨다. 나는 하나님의 대사로서, 지금 그분의 이름으로 당신에게 이 의복을 제시하고자 한다. 바로 의복되시는 그리스도이시다.

　오, 죄인들이여. 그리고 자신의 구원을 이루기 위해서 애쓰고 수고하는 모든 영혼들이여. 하나님 앞에서 전혀 쓸모없는 스스로 만든 의복을 위해 애쓰지 말고, 하나님의 은혜와 자비로 당신을 위해 예비하신, 돈이나 대가를 지불하지 않고 그냥 주시는 의복을 받으라! 당신의 선행과 자선, 당신의 도덕과 윤리로 치장한 의복은 당신과 같은 죄인 친구들에게는 아마 더 없이 훌륭한 의복처럼 보일 것이다. 하지만 그러한 의복으로는 순전한 눈으로 죄악을 바라보시는 하나님의 눈에서 죄들을 가릴 수 없다. 죄인이여, 하나님 앞에서 합당히 갖춰 입지 않으면 영원히 잃어버린바 된다는 사실을 잊지 말라.

구원을 위한 행위와 구원받고 나서의 행위 사이에는 엄청난 차이가 있다. 전자가 자기 스스로의 힘으로 의복을 갖춰 입기 위한 헛된 노력들이라면, 후자는 하나님께서 이미 당신에게 주신 의복을 입고, 하나님을 섬기며 봉사를 한 결과인 것이다.

우리가 성경에서 볼 수 있는 첫 번째 의복은 아담과 하와가 무화과 잎을 엮어 만든 "치마"였다. 하나님 앞에서 범죄한 그들이 "네가 어디 있느냐"고 부르시는 하나님의 음성을 들었을 때, 그 치마가 무슨 소용이 있었던가? 그들은 그저 자신의 벌거벗음을 깨닫고 하나님 앞에서 숨고 싶은 마음 뿐이었다. 죄로 인하여 얻게 된 끔찍스러운 지식은 다만 자신들이 하나님의 존전 앞에 합당하지 않다는 사실을 가르쳐줄 뿐이었다. 당신의 삶은 오랜 동안 죄로 물들었고, 그리고 기억하는 것만으로도 얼굴이 붉어질 만큼 너무도 부끄러운 죄들로 가득할 것이다. 기억하라! 아담을 하나님 앞에 설 수 없게 만든 것은 단 하나의 죄였다. 하나의 죄가 범죄한 자들을 에덴 동산에서 내쫓게 만들었다. 하나의 죄가 세상에 죽음을 가져왔다. 그럴진대, 당신의 셀 수도 없는 죄는 어떨 것 같은가?

죄의 무게로 억눌리고 벌거벗겨진 것 외에는 아무것도 없는 당신, 과연 죄를 끔찍이 싫어하시는 하나님의 앞에 자신 있게 설 용기가 있는가? 아담과 하와는 자신들의 벌거벗음으로 인해서 하나님의 존전 앞에 설 수가 없었기에 스스로 몸을 숨겼다. 그러나 하나님의 마음에서 흘러나오는 사랑을 보라! 의복이 필요해지자마자 자비와 사랑으로 가득하신 하나님은 의복을 지어 주셨다.

"여호와 하나님이 아담과 그의 아내를 위하여 가죽옷을 지어 입히시니라."(창 3:21)

이전 그들이 만든 의복과 이제 하나님이 만들어 주신 의복은 얼마나 다른가! 하나님의 손길 한번 닿지 않은 - 인간의 덧없는 노력으로 만들어진 - "치마" 대신에, 하나님은 인간의 노력이 조금도 필요치 않는 "가죽옷"을 만들어 주셨다. 이 어떠한 은혜인가! 지금 자신의 구원을 위해 애쓰고 수고하고 있는 자들에게 얼마나 큰 교훈을 주는가! 죄인들이여! 지금 이 순간 당신에게 필요한 것은 그 때 아담에게 필요했던 것과 같다. 아담과 하와에게 옷 입혀 주셨던 것처럼, 하나님은 당신에게도 옷 입혀 주시길 원하신다.

당신은 진정 당신 영혼의 필요를 아는가? 죄로 얼룩진 범죄한 당신의 영혼이 그대로 드러난다면 무엇으로 그것을 가릴 수 있는가? 나는 당신을 불쌍한 죄인이라고 부르고 싶지 않다. 다만 죄를 몹시도 미워하시는 하나님 앞에 서기 위해 제대로 갖춰 입을 필요가 있는 범죄한 영혼이라고 부르고자 한다. 당신이 어떤 최선을 다한다 해도 아무 소용이 없을 것이다. 죄책감만 들게 하거나, 당신이 생각하기에 하나님 앞에 좋게 보이기 위한 욕구를 드러낼 뿐이다. 당신 스스로 만든 의복은 하나님의 눈에는 매우 더러운 헝겊 조각을 기운 것에 불과하다. 아담이 하나님에게서 숨어보려고 동산 나무 뒤로 숨은 것과 같이, 당신은 그저 당신의 선행 뒤에 숨으려는 것에 불과하다. 하지만 아담처럼 당신도 그 숨어있던 곳에서 발각될 것이고, 자신이 벌거벗었음을 시인하고 또 하나님 앞에서 아무것도 가릴 수 없음을 인정하게 될 것이다. 그리고 당신 스스로의 노력으로 만들었던 의복이 참으로 무가치한 것임을 인정할 수밖에 없을 것이다.

이 사실이 잘 나타나 있는 고린도후서 5장 1-3절에 대한 사도 바울의 놀라운 표현을 보라.

"만일 땅에 있는 우리의 장막 집이 무너지면 하나님께서 지으신 집 곧 손으로 지은 것이 아니요 하늘에 있는 영원한 집이 우리에게 있는 줄 아느니라 참으로 우리가 여기 있어 탄식하며 하늘로부터 오는 우리 처소로 덧입기를 간절히 사모하노라 (이렇게 입음은 우리가 벗은 자들로 발견되지 않으려 함이라)"

이 마지막 절은 참으로 엄숙하다. 사도 바울은 고린도 교회에 있던 이들 중 일부가 부활의 때에 아담과 같이 - 벌거벗은 상태로 - 발견되지 않을까 하는 두려움이 있었다. 부활 시에는 육체와 영혼이 하나가 될 것이기에, 바울은 여기에서 사람들이 '덧입는다'라고 표현했다. 그럼에도 불구하고 바울은 그들이 하나님의 존전에 합당한 온전한 자로 가리움을 받지 못하고 벗은 채로(naked), 다른 말로 하면 그리스도가 없는 자(Christless)로 발견될 것에 대한 두려움이 있었다. 당신이 단순히 입술만의 신앙고백자로 발견되는 것, 즉 도덕과 윤리라는 아름다운 옷, 그리고 소위 선행과 종교성으로 수놓은 옷을 입고서 그리스도의 사람들 가운데 한 사람으로 인정받을 것으로 기대한다면, 그것은 진정 끔찍한 결과를 초래할 것이다. 그 상태에서 죽는 것은 벌거벗은 채로 죽는 것이고, 다시 부활하게 된다면, 그것은 첫째 부활이 아니라 둘째 부활이 될 것이다. 둘째 부활이 무엇인가? 둘째 부활은 벌거벗은 죄인들이 크고 흰 보좌의 거룩한 불길 앞에서 심판을 받는, 심판으로의 부활이다. 그리스도의 피로 당신의 죄가 씻긴 적이 없다면, 하나님 앞에서 그리스도라는 의복을 입고 있지 않다면, 둘째 부활이 영원 세계에서 당신의 운명이 될 것이다.

독자여! 당신은 옷을 입고 있는가? 그리스도를 당신의 의복으로 덧입었는가? 그렇지 않으면 지금 당신의 모습 그대로 하나님 앞에 충분하다고 생각하는가?

이제 마태복음 22장 11-13절을 보자.

"임금이 손님들을 보러 들어올 새 거기서 예복을 입지 않은 한 사람을 보고 이르되 친구여 어찌하여 예복을 입지 않고 여기 들어왔느냐 하니 그가 아무 말도 못하거늘 임금이 사환들에게 말하되 그 손발을 묶어 바깥 어두운 데에 내던지라 거기서 슬피 울며 이를 갈게 되리라 하니라."

우리는 여기서 이 시대의 끝에 대한 진리 뿐만 아니라 일종의 경고를 받고 있다. 이는 이 성경 구절의 등장인물은 신부가 아니라 손님이기 때문이다. 이 경고의 말씀은 의복을 입지 않은 모든 이들에게 해당된다.

"어찌하여 예복을 입지 않고 여기 들어왔느냐?"

임금님은 그에게 왜 예복을 갖춰 입지 않았는지에 대해 말할 수 있는 기회를 주었다. 결과는 무엇인가? 임금님과 손님의 만남은 어떤 결과를 가져왔는가? 그는 아무 말도 못했다. 당신은 이 질문에 얼마나 진지하게 대답할 수 있는가? 손님들을 위해 의복이 제공되지 않았던가? 당신을 위한 의복도 준비되지 않았는가? 분명 준비되어 있었다. 동양의 풍습대로 혼인예식에는 의복 뿐만 아니라 옷을 갈아입을 탈의실도 준비되어 있었다. 하지만 그 사람은 자신을 위해 준비된 것을 무시했고, 그 결과 "그 손발을 묶어 바깥 어두운 데에 내던지[게]" 되었다. 오, 영혼이여. 너무 늦기 전에 이 경고를 듣지 않겠는가! 하나님은 자기의 임재에 합당한 의복을 준비하셨다. 그리스도께서 의복이시다. 하나님은 당신을 위해 왕족이 입는 의상을 준비하셨다. 그러므로 "주 예수 그리스도"로 옷 입자!

여기서 이 손님은 의복을 원치 않은 것으로 묘사되어 있다. 그는 어쩌면 10절에 언급된 "선한 자" 중에 하나였을 지도 모른다. 그의 삶은 어쩌면 흠잡을 데가 없었을 것이다. 순종적인 아들이었을 것이고, 좋은 남편과 좋은 아버지였을 것이며, 또한 사회에서도 유능하고 또 국가에서도 자랑스럽게 여기는 사람이었을 것이다. 그러한 그가 의복을 필요로 했을 것 같은가? 아마도 그는 임금님이 자신이 어떤 사람인지 분명 알아볼 것이고, 또한 자신의 품행도 임금님의 권위를 세워주기에 충분할 것으로 생각했을 것이다. 그래서 그는 그냥 예식장에 들어갔다. 하지만 결과는 어떠했는가? 무엇이 진실이었을까? 그의 무가치함이었다. 그는 아무 항변도 하지 못하고 그저 손발이 묶인 채 쫓겨나게 되었다.

그리스도인으로 자처하는 사람들이여, 당신은 진정 회심했는가? 하나님 앞에 서기에 합당한 의복을 입고 있는가? 만일 오늘밤 죽음을 맞이한다면, 하나님 앞에 벌거벗은 채로 서있을 것 같지 않은가? 나는 당신이 이러한 엄중한 질문들을 스스로에게 해보고, 확실한 대답을 하기 전까지는 마음을 놓지 말기를 간청한다.

나는 진짜 거듭났는가?
나는 진짜 그리스도께로 피하였는가?
나는 진짜 그리스도를 발견했는가?
나는 진짜 그리스도를 나의 허물을 가려주는 의복으로 옷 입고 있는가?

이상의 질문들에 대해 "그렇다!"라고 대답할 수 있는가? 그렇지 않다면 오, 귀중한 영혼이여! 조심하라. 이것은 일종의 경고이다. 당신은 이제 당신 인생의 역사 가운데 지금 읽는 구절들을 통해서 이처럼 엄중한 경고를 자세히 들었다. 장차 하나님 앞에 서는 순간, 당신의 도덕과 윤리로 만들어진 의복은 아무 쓸모가 없음을 알게 될 것이다. 당신은 그리스도 안에 있지 않다는 것을 발견하게 될 것이고, 당신은 여전히 당신 자신의 죄 가운데 있음을 발견하게 될 것이다. 당신이 여기서 들은 질문을 또 다시 듣게 될 것이다.

"친구여 어찌하여 예복을 입지 않고 여기 들어왔느냐?"

그리고 당신은 아무 말도 못할 것이다. 그 순간 너무도 소중한 당신의 영혼은 영원히 잃어버린바 될 것이란 사실을 알게 될 것이다. 이 얼마나 참담한 일인가! 더 이상 변명의 여지가 없다. 당신은 할 말이 없을 것이다. 정상 참작이란 없다. 너무 늦었다. 당신은 임금님 앞에 서 있고, 그 임금님은 재판장이 되어서, 천둥 같은 소리로 판결을 내린다.

"손발을 묶어 바깥 어두운 데에 내던지라 거기서 슬피 울며 이를 갈게 되리라."

오! 제발 이 경고를 듣기 바란다. 현재 하나님께서 주시는 명령은 무엇인가? "그리스도로 옷 입으라"는 것이다. 하나님이 그대의 필요를 보고 준비한 그리스도라는 의복을 덧입으라는 것이다. 하지만 만일 당신이 하나님이 준비한 의복을 거절한다면 그때에는 "손발을 묶어 바깥 어두운 데에 내던지라"는 판결을 듣게 될 것이다. 이 얼마나 대조적인 모습인가! 그리스도로 옷 입으면 "최고의 의복"을 입고 영원히 행복한 삶을 살게 될 것이고, 그리스도로 옷 입지 않으면 자기 죄의 끈으로 "묶어 바깥 어두운 데에 내던져지게" 되는 것이다.

오, 구원받지 못한 영혼들이여. 당신이 직면한 위태로운 상황을 인식하라! 어째서 성령님은 이렇게 계속해서 당신에게 경고하시는 것인가? 왜 성령님은 당신이 직면할 일들을 계속해서 당신 앞에서 보이시는 것인가? 왜? 그 이유가 무엇일까? 하나님이 심판하시기 전에 미리 경고하심으로써 그저 심판의 정당성을 확보하기 위한 것일까? 구원받지 못한 영혼들에게 피할 수 있는 기회를 그저 한번은 주시기 위해서? 그것이 아니다. 슬픈 일이지만 사람들이 귀를 기울이지 않기 때문이다. 하나님은 지금은 자비의 하나님이시지만, 그 날이 되면 그분은 자신의 베풀어진 자비를 비웃고 거절한 자들에게 심판의 하나님이 되실 것이다. 하나님은 경고하시지만 사람들은 그냥 대수롭지 않게 여기며 귀를 기울이지 않는다. 이러한 진리를 확인하고 싶다면, 그저 우리 주변에 있는 사람들을 살펴보기 바란다.

저기 보이는 죽음의 침상에서 들리는 절규의 음성은 무엇인가! 구원의 선물을 비웃으며 은혜로우신 하나님의 무수한 경고를 전혀 귀담아 듣지 않았던 영혼의 마지막 호흡소리이다.

한 가닥 소망의 밧줄도 없이 영원의 세계에 떨어진다면 어찌될 것 같은가! 그대는 정녕 이렇게 죽어도 상관없는 것인가!

예수님께로 나아오라. "오소서 모든 것이 준비되었나이다." 은 보석도, 금 보석도, 의복도 모두 당신을 위해 준비되어있다.

"예수 그리스도로 옷 입으라!" 엘리에셀은 리브가에게 의복을 가져왔고, 그녀는 이 선물을 받았다. 나는 당신에게 그리스도를 소개하고 있다. 당신은 그리스도를 받아들이겠는가?

누가복음 15장에 보면, 우리는 다시 의복에 대해서 언급하는 것을 볼 수 있다. "제일 좋은 옷을 내어다가 (그에게) 입히고" 만일 그에게 의복을 고를 수 있는 선택권이 남아있었다면, 그는 어쩌면 거룩한 천사들이 입고 있는 의복을 골랐을 것이다. 하지만 하나님은 흠 없는 어린양의 신부에게 더욱 좋은 의복을 주신다. 신부는 천상(天上)에서 가장 최고 최상의 옷을 입을 것이다. 바로 "만왕의 왕"의 영광으로 수놓은 옷이다.

당신은 돌아온 탕자의 아름다운 이야기를 잘 알고 있을 것이다. 하지만 이 이야기의 본론은 "그가 비로소 궁핍하여져서" 자기 아버지의 집에서 누렸던 기쁨과 풍성함을 생각했을 때 시작된다. 영혼의 궁핍은 사람이 아버지의 집을 멀리 떠나 있을 때 드러나게 되었다. 사람이 마지막으로 할 수 있는 일은 하나님께로 돌아와 도움을 구하는 것이다. 사람은 우리 영혼의 유일한 도움되시는 분께 돌아오기 전까지, 우선적으로 자신이 할 수 있는 모든 방편을 다 강구해보고자 하는 경향이 있다. 하지만 그 결국은 모든 힘을 다 소진한 채 절망에 빠지는 것으로 끝나고 말 것이다.

현 시대에도 수많은 탕자들이 자신들이 원하는 나라에 가서 자기 마음대로 살아보고 싶어 한다. 하지만 그 나라의 주인은 누구인가? 사탄이다! 사탄은 매우 성공적으로 죄인들의 욕심과 욕망을 채워준다. 그는 당신이 아버지의 집의 풍요로움을 누리지 못하게 하는 일에 항상 최선을 다하며, 대개는 성공을 거둔다! 빈 껍데기 뿐인 것들에 금박을 입혀 겉으로 보기에 매우 빛나고 아름답게 만든다. 하지만 죄인들이 그것들을 먹어보고 다만 쓴 맛 뿐, 자기 영혼의 만족을 주지 못한다는 것을 알게 된다. 왜냐하면 그것들은 그저 속빈 강정과 같이 껍데기 일 뿐이기 때문이다. 하지만 그들의 입맛은 이미 병들어 있기에, 고통스럽지만 그러한 것들로 기꺼이 자신들의 배를 채우고자 한다.

탕자가 "내가 일어나 아버지께 가서"라고 말하기 전에 그는 자신의 진정한 필요를 깨달았다. 아, 그는 자신이 얼마나 무력하며 의복과 음식에 굶주려 있는지를 보았고, 그래서 자신의 있는 모습 그대로 아버지께로 돌아갔다. 그야말로 누더기 옷을 걸치고 매우 궁핍한 모습 그대로 돌아온 것이다. 그가 내침을 당했는가? 결코 아니다! 그는 먼저 환대 받았고, 그리고 나서 멋진 옷을 받아서 입을 수 있었다.

많은 경우 사람들은 하나님 앞에 나아가기 전에 자기 스스로 옷을 멋있게 차려 입으려고 노력한다. 그들은 자신에게 하나님이 필요하다는 사실은 깨닫지만, 하나님께로 가기 전에 더 나은 모습으로 나아가야 한다고 생각한다. 하지만 사람은 반드시 있는 모습 그대로 하나님께 나아가서, 하나님에게서 모든 도움을 받아야 한다. 당신의 있는 모습 그대로 나오라. 하나님은 기쁘게 당신을 받아주실 것이다.

"내가 죄를 지었사오니"라고 탕자가 말했다. 당신이 죄를 지은 것을 깨달았을 때, 그리고 하나님을 위해 한 일이 아무것도 없을뿐더러 그저 벌거벗었고 잃어진 자라는 것을 깨달았을 때, "아버지 제가 죄를 지었습니다."라는 말로 하나님 앞에 나아왔던 순간이 있는가? 나는 이것이 죄인들이 이 땅 가운데서 경험하는 일들 중 가장 위대한 순간이라고 부르고 싶다. 당신이 하나님 앞에 그런 모습으로 나아오면, 우리가 그토록 하나님을 배반하고 죄를 범하였을지라도 은혜 가운데 기다리시는 그분은 우리를 자기 품으로 받아주신다.

"내가 죄를 지었사오니."

이 고백은 반드시 개인적인 것이어야 한다. "우리가 범죄하였사오니"라는 고백으로 만족해서는 안된다. 반드시 하나님 앞에 홀로 서서 영혼의 깊은 회개의 시간을 가진 후 "내가 죄를 지었사오니"라고 고백해야 한다. 이내 영적으로 각성된 영혼은 자기 양심을 살피고 또 성찰하고, 죄를 깊이 깨달은 후 회개의 과정을 거치게 되는데, 그 후에야 마음의 평안을 맛보게 된다. 탕자의 경우와 마찬가지로 우리도 의(義)의 옷을 입기 전에 이러한 각자의 고백과 과정이 필요하다.

"내가 죄를 지었사오니 지금부터는 아버지의 아들이라 일컬음을 감당하지 못하겠나이다."

바로 이런 고백을 하는 사람이 하나님께서 옷을 입혀 주시는 사람이다. 당신 자신의 경우를 생각해보라. 이것은 다른 무엇보다 가장 중요한 것이다. 왜냐하면 이것은 하나님 앞에서 당신 자신을 낮추고 겸손하게 엎드리는 것이기 때문이다. 영적 각성을 위한 쟁기 날은 반드시 땅속 깊숙이 파고 내려가야 한다. 고랑이 깊을수록 곡식의 씨들은 더 안전하게 심겨지며 금빛 곡식의 수확에 대한 기대도 더 선명해진다. 탕자가 이렇게 고백한 결과는 무엇이었는가? "제일 좋은 옷을 내어다가 입히라"는 명령이 내려진 것이었다. 아, 이 어떠한 사랑인가!

"제일 좋은 옷을 내어오라!"

탕자여! 그리스도로 옷 입지 않겠는가? 그리스도야말로 제일 좋은 옷이 되신다. "그리스도로 옷 입으라." 스스로 입으라는 것이 아니라, 입혀주라고 했다. 모든 것이 그를 위해 준비되었고, 그는 그저 아버지의 사랑의 선물을 받기만 하면 될 뿐 아무것도 할 것이 없었다. 당신의 경우도 마찬가지이다. 하나님이 모든 것을 하셨다. 하나님이 의복도 준비하셨다. 그래서 "누구든지 그리스도 안에 있으면 새로운 피조물"이 된다. 하나님 존전에 합당하지 못했던 첫째 아담 안에 있던 신자는 그리스도의 죽음과 함께 그의 역사는 끝났고, 이제 신자는 둘째 아담 안에서 영광스러운 결과를 맞이하게 되었다.

하나님의 모든 요구는 충족되었다. 갈보리의 어두움이 지나갔고, 이제 하나님의 요구가 모두 충족되었음을 알리는 밝은 무지개가 인간에게 비추게 되었다. 한 알의 밀알이 땅에 떨어 죽었고, 이제 부활과 함께 그리스도는 이렇게 말씀하실 수 있게 되었다. "내가 내 아버지 곧 너희 아버지, 내 하나님 곧 너희 하나님께로 올라간다."(요 20:17) "그리스도 안에서 발견"되고(빌 3:9), 또 "그 사랑하는 자 안에서 받아들여진"(엡 1:6) 사람이 되는 것은, 얼마나 큰 축복인가! 이러한 축복에 들어가려면, 그리스도로 옷을 입어야 한다. 다시 말하지만 "그리스도로 옷 입으라." 하나님이 주시는 옷을 입고 서서, 평안을 누리라. 당신 손으로 만든 무화과 잎으로 엮은 옷을 벗어 던지면, 하나님께서 그리스도로 옷 입혀주실 것이다. 얼마나 귀한 의

복인가! 죄인이여, 당신의 있는 모습 그대로 하나님께 나아오라. 그리고 하나님께서 당신에게 하시는 말씀을 들어보라.

"그 더러운 옷을 벗기라 하시고…내가 네 죄악을 제거하여 버렸으니 네게 아름다운 옷을 입히리라."(슥 3:4)

사람들은 흔히 두 단계가 있다고 말한다. "자신(자아)로부터 나와서 그리스도에게로 들어가는 것이 첫 번째 단계요, 그리스도를 통해서 영광으로 들어가는 것이 두 번째 단계이다." 하지만 내게는 오직 하나의 단계만 필요한 것으로 보인다. 당신은 기꺼이 그 단계를 취하겠는가? 바로 "자신(자아)로부터 나와서 그리스도 안으로 들어감으로써, 그 안에서 그리스도의 완전성으로 충만한 풍성을 영원히 누리는 것이다."

이 얼마나 놀라운 특권의 자리인가! 이 자리는 바로 하나님의 마음에 기쁨이 되시는 그리스도, 바로 그 사랑하는 자 안에서 열납되어 하나님 앞에 서있는 자리이다! 이런 특권의 자리를 얻기 위해 당신은 무엇을 했는가? 아무것도 한 것이 없다. 하지만 그리스도께서 모든 것을 하셨다. "너희는 유혹의 욕심을 따라 썩어져 가는 구습을 따르는 옛 사람을 벗어 버리고 오직 너희의 심령이 새롭게 되어 하나님을 따라 의와 진리의 거룩함으로 지으심을 받은 새 사람을 입[는]"(엡 4:22-24) 것이 그리스도 안에서 새로운 신분에 대한 진리이다. "벗어 버리고," 또 "입는 것"이다. 이것은 그리스도께서 우리를 위한 대체물이 되셨기에, 그 결과 "죄를 알지도 못하신 이를 우리를 대신하여 죄로 삼으신" 십자가 사역의 결과이다.

당신에게 지혜가 있다면 결코 이것을 가볍게 여기지 말고, 다음과 같이 말씀하시는 주 예수님의 교훈을 기쁘게 받아들이길 바란다.

"내가 너를 권하노니 내게서 불로 연단한 금을 사서 부요하게 하고 흰 옷을 사서 입어 벌거벗은 수치를 보이지 않게 하고 안약을 사서 눈에 발라 보게 하라."(계 3:18)

하나님이 당신을 하나님께 합당한 자가 되도록 해줄 수 있는 옷을 입혀 주시기 얼마나 원하시는지를 보라! 하나님은 당신에게 "흰 옷"을 주기 원하신다. 우리 자신의 의(義)를 나타내는 더러운 "누더기 옷"과는 얼마나 다른가! 당신은 더럽고 역겨운 "누더기 옷"을 입은 사람을 당신의 집안에, 그리고 식탁에 들어와 앉게 하지 않을 것이다. 하나님은 어떠실 것 같은가? 당신과 마찬가지로 그렇게 하지 않으실 것이다. 인간의 자아로부터 나오는 모든 좋지 않은 것들을 치워버리고, 그리스도의 완전함으로, 그리고 그리스도께서 죄인을 위해 이루신 사역을 통해서 우리를 단장시키고 싶어 하신다.

당신에게 제공된 이 의복은 그리스도이시다. 그리스도를 받아들임으로써 당신은 구속과 의(義)와 평안을 소유하게 된다. 그리스도께서 모든 것이시다. 따라서 금 보석과 은 보석, 그리고 의복되시는 그리스도를 소유할 때 비로소 그리스도의 신부가 되기에 합당한 자가 되는 것이다. 금 보석 되시는 그리스도, 은 보석 되시는 그리스도, 의복 되시는 그리스도. 모두 그리스도를 상징한다. 그리스도는 처음과 나중이시며, 그리스도는 현재이시며, 또한 영원이시다.

"이는 만물이 주에게서 나오고 주로 말미암고 주에게로 돌아감이라 그에게 영광이 세세에 있을지어다 아멘."(롬 11:36)

다시 묻고 싶다. "함께 가겠는가?"

광야를 넘어 그리스도에게로 가고자 하는가? 아, 하나님께서 나의 모든 죄들을 사하셨고, 온전한 자유를 주셨고, 내 마음의 묵상과 생각이 다 영광스러운 신랑께 드려진다는 것을 아는 기쁨이란 얼마나 놀라운 일인가! "함께 가겠는가?"라는 질문에 당신이 "가겠습니다."라고 대답하길 원한다. 당신이 있는 지금 그 자리에서 대답할지라도 하나님은 다 들으신다. "내가 가겠나이다"라고 답하는 당신의 목소리를 듣는 기쁨을 하나님께 드리지 않겠는가?

그리스도를 위해 결단하라. 당신은 은 보석, 금 보석 그리고 의복이 되어주시는 그리스도에 대해 모두 들었다. 그분은 이것들을 거저 주셨고, 하나님께 받아들여질 수 있는 유일한 방법도 보여주셨고, 예수님의 신부가 되는데 필요한 것들로 단장시켜 주셨다. 이 선물을 받겠는가? 그리스도를 받아들이겠는가?

"함께 가겠는가?"라는 질문은 당신의 마음을 두드리시는 하나님의 부르심이다. 과연 거절할 수 있는가? 예수님께 나아오지 않겠는가?

하나님은 그리스도를 믿음의 대상으로 지금 당신에게 제시하고 있다. 리브가는 광야를 건너는 긴 여정을 마치기 전까지 이삭을 보지 못했지만, 그는 광야의 모래 길이 끝나는 즈음에 그녀를 맞이하러 나왔다. 이삭은 그녀가 가나안의 푸른 풀밭에 도착했을 때 그녀를 맞이해주었다.

"나 아름다우신 그분을 만나보리라
친히 신부를 만나러 오시리라.
완전한 사랑 속에서
나 그분과 함께 영원히 거하리라."

오, 그리스도 없는 영혼이여, 당신은 기쁨도 없고, 소망도 없고, 사랑도 없는 영원한 시간 속에서 예수님 없이 영원 세계를 보낼 위험을 감수하고자 하는가? 나는 당신이 하나님께서 초대하시는 천국의 기쁨들에 응하고 누리길 원한다. 또한 지옥의 끔찍함을 아시는 분의 경고를 듣기를 바란다.

"너희는 하나님과 화목하라."
"그리스도로 옷 입으라."

"내가 가겠나이다."라고 당신 마음으로부터 정직하게 결단해야 한다. 그리하면 하나님은 당신을 받아주시고 반겨주시며, 당신 마음을 기쁨과 사랑으로 채우실 것이다. 오! 예수님께로 오라! 하나님의 사랑받는 아들로부터 온 선물을 받으라. 은 보석과 금 보석, 그리고 의복을 그저 받아들이라. 그리고 그대가 아버지께서 만물을 다 그의 손에 주신, 바로 그 아들의 신부가 되는데 필요한 자격을 갖추었음을 알라. 이제 다음의 기쁨의 언어들이 당신의 것이 되게 하라!

"내가 여호와로 말미암아 크게 기뻐하며 내 영혼이 나의 하나님으로 말미암아 즐거워하리니 이는 그가 구원의 옷을 내게 입히시며 공의의 겉옷을 내게 더하심이 신랑이 사모를 쓰며 신부가 자기 보석으로 단장함 같게 하셨음이라."(사 61:10)

제 5장
신부의 결단

"은금 패물과 의복을 꺼내어 리브가에게 주고 그의 오라버니와 어머니에게도 보물을 주니라 이에 그들 곧 종과 동행자들이 먹고 마시고 유숙하고 아침에 일어나서 그가 이르되 나를 보내어 내 주인에게로 돌아가게 하소서 리브가의 오라버니와 그의 어머니가 이르되 이 아이로 하여금 며칠 또는 열흘을 우리와 함께 머물게 하라 그 후에 그가 갈 것이니라 그 사람이 그들에게 이르되 나를 만류하지 마소서 여호와께서 내게 형통한 길을 주셨으니 나를 보내어 내 주인에게로 돌아가게 하소서 그들이 이르되 우리가 소녀를 불러 그에게 물으리라 하고 리브가를 불러 그에게 이르되 네가 이 사람과 함께 가려느냐 그가 대답하되 가겠나이다 그들이 그 누이 리브가와 그의 유모와 아브라함의 종과 그 동행자들을 보내며 리브가에게 축복하여 이르되 우리 누이여 너는 천만인의 어머니가 될지어다 네 씨로 그 원수의 성 문을 얻게 할지어다 리브가가 일어나 여자 종들과 함께 낙타를 타고 그 사람을 따라가니 그 종이 리브가를 데리고 가니라 그 때에 이삭이 브엘라해로이에서 왔으니 그가 네게브 지역에 거주하였음이라 이삭이 저물 때에 들에 나가 묵상하다가 눈을 들어 보매 낙타들이 오는지라 리브가가 눈을 들어 이삭을 바라보고 낙타에서 내려 종에게 말하되 들에서 배회하다가 우리에게로 마주 오는 자가 누구냐 종이 이르되 이는 내 주인이니이다 리브가가 너울을 가지고 자기의 얼굴을 가리더라 종이 그 행한 일을 다 이삭에게 아뢰매 이삭이 리브가를 인도하여 그의 어머니 사라의 장막으로 들이고 그를 맞이하여 아내로 삼고 사랑하였으니 이삭이 그의 어머니를 장례한 후에 위로를 얻었더라."(창 24:53-67)

우리가 앞에서도 살펴보았고 이 장에서도 살펴볼 것이지만, 창세기 24장에는 복음이 예표와 예시를 통해서 얼마나 단순하면서도 놀랍도록 그려지고 있는지 모른다! 나의 목적은 복음을 교리적으로만 설명하는데 그치지 않고, 당신의 영혼을 그리스도 앞에 세우는데 있다. 그리고 가능하다면 복음이 가진 중요한 핵심을 제시하고 싶다.

· 주께서 필자가 쓰고 있는 이 글을 통해서 역사하시고, 당신으로 하여금 정독하도록 도우시길 바란다. 어쩌면 이 책은 당신이 그리스도를 영접할 수 있는 첫 번째 기회일수도 있지만,

어쩌면 그리스도를 영접할 수 있는 마지막 기회일 수도 있기 때문이다.

그렇다면 여기서 한 가지 질문을 하고 싶다. 지금까지 이 책을 주의 깊게 읽어 왔다면 리브가가 대답해야 했던 그 단순한 질문을 동일하게 받게 될 것이다. 예스(Yes)인가 노(No)인가?

창세기 24장의 이야기는 매우 단순하고, 모형적으로도 매우 아름답게 예시되어 있지만, 그에 대한 적용은 우리 마음을 설레게 한다. 주 예수 그리스도의 아버지께서 그의 아들을 빛나게 하고 있는 영원한 영광을 당신에게도 주고자 하신다. 하나님의 아들의 죽음과 부활 그리고 승천의 결과로, 한편으로는 아들을 죽음에 내어주시기까지 하심으로써 하나님의 사랑을 증명하셨고, 다른 한편으로는 그리스도께서 죄인을 위하여 완성하신 사역을 기뻐하시고 만족하셨다는 증거로서 그분을 부활시키고 영화롭게 하심으로써 하나님의 의(義)를 선포하셨다. 그 결과로, 하늘로서 천상의 전령(messenger)이 내려오셨다. 그 전령을 통해서 하늘로부터 오는 메시지가 이제 당신의 귀에도 들리게 된 것이다. 그 메시지란 이렇다. 즉 하나님은 당신을 아들의 신부로 부르신다. 그렇지만 강압적으로 당신이 그의 아들을 원하도록 강요하지 않으신다. 많은 사람들은 자신들의 영혼이 길을 잃었다는 것과 죄인으로서 궁핍한 처지 가운데 있다는 것을 자각하지 못하기 때문에, 그리스도를 영접할 필요를 느끼지 못할뿐더러, 그리스도를 영접하는 일에도 관심이 없다. 사실 사람들은 정말 어떤 것을 원하면 그것을 가질 때까지 찾아다니는 법이다. 하지만 무관심하다면 매우 수동적이 된다.

당신이 구세주를 원한다는 것은 분명한 사실이다. 나는 여기서 영혼 구원의 문제를 다루고 있지 않다. 나의 목적은 이렇다. 하나님은 당신에게 자기의 사랑하시는 아들의 영광을 함께 누리도록 초청하고 계신다. 당신이 과연 어떤 영광과 존엄 가운데로 초대되었는지 알겠는가? 당신이 지은 죄들 가운데 죽도록 버림을 당하고, 죄를 용서받지 못한 채 바깥 어둠 속에 내던져지고, 마귀와 그 사자들과 함께 하는 운명에 처하는(마 25:41) 대신에, 하나님은 지금 당신이 그리스도와 함께 하는 관계 속으로 들어오길 원하시며, 그분의 이름을 믿음으로써 더 없이 행복한 영원의 시간 속에서 거룩한 기쁨을 함께 나누는 자가 되기를 원하신다.

이것이 엘리에셀이 가지고 온 메시지였다. 그는 이삭이 살고 있던 가나안에서 왔다. 신랑의 아버지가 멀리 타향으로 자기 종을 보내어, 신랑을 알지도, 본적도 없지만 아들의 신부가 되고자 사막을 건너올 이가 있다면 그를 얻고자 한 것이다. 만일 당신이 그리스도의 영광에 참여하는 자가 되려면 다음 세 가지가 필수적이다. 구속, 의(義) 그리고 의복이다. 그리고 "은 보석", "금 보석", 그리고 "의복"은 이 세 가지를 상징하는 물품들이었고, 종은 그것들을 가지고 가서 리브가에게 주었다. 따라서 은은 구속을 상징한다. 우리 영혼이 하나님께 가까이 나아갈 수 유일한 방법은 그리스도의 구속사역에 의존하는 것이다. 또한 의(義)가 필요하다. 금은 하나님의 의를 상징한다. "의복"은 그 자체적으로 옷을 상징하고 있다. 이 세 가지 모두 절대적으로 필요하다.

그리스도께서 당신의 의복이시다. 만일 당신이 그리스도로 옷 입게 되면, 나머지 것들도 소유하게 될 것이다.

나는 하나님의 전령으로서 당신에게 말하고 있다. 당신은 "너무도 담대한 주장"이라고 일축하고 싶을지도 모르겠다. 그렇다. 하지만 받게 될 복에 비하면 아무 것도 아니다. 나는 나의 주인되시는 분의 이름으로 와서, 당신을 정결한 처녀로 그리스도께 드리고자 중매하고 있다. 이 책을 읽는 당신을 그리스도께 드리길 원한다. 오, 구원받지 못한 남자와 여자들이여! 나의 메시지는 이것이다. 나는 당신이 그리스도의 신부가 되길 원한다. 하나님도 당신이 그리스도의 신부가 되길 원하신다.

"아, 저는 죄인에 불과합니다." 사실이다. 너무도 분명한 사실이다. "내 모습 이대로는 하나님께 나아갈 수 없습니다." 틀렸다. 하나님과 당신을 가로막고 있던 휘장은 찢겨졌고, 하나님 앞에서 당신의 모든 죄를 속죄하는 피가 흘려지고 뿌려졌다. 이제 새롭고 산 길이 열렸고, 당신은 있는 모습 그대로 하나님께 나아갈 수 있게 되었다.

그럼에도 불구하고 엘리에셀은 리브가에게 보석들과 의복을 주기 전에는 "함께 가려느냐?"라고 묻지 않았던 점을 주목하라. 만일 아버지 집에 합당하도록 나를 갖추길 원한다면 거기에서 보내온 것으로 단장하는 것보다 더 좋은 것이 있을까? 복음은 당신에게 그리스도께서 세상에 오셨을 뿐만 아니라, 그분이 하신 일을 이야기해준다. 율법은 내가 해야만 하는 일에 대해서 말해 줄 뿐만 아니라, 내가 그것을 행치 않았다는 이유로 나를 심판하고 정죄한다. 율법은 나 자신에 대해 이야기해주지만, 복음은 그리스도께서 누구시며 또 무슨 일을 하셨는지를 이야기해준다.

이제 그리스도를 영접하고자 하는가? 당신이 종종 들었던 말일 것이다. 이제 예수님께로 가고 싶은가? 나는 이 시간, 당신이 그리스도와 약혼하는 순간이 되기를 바란다.

지금 필요한 것은 결단이다. 구속사역은 성취되었고, 피는 쏟아 부어졌으며, 하나님의 모든 공의로운 요구는 십자가를 통해서 충족되었다. 죄인에게 요구되는 모든 것이 그리스도로 인해 해결되었다. 이제는 당신이 복음의 메시지를 받아드리고, 가장 진실된 마음으로 "무슨 일이 닥치든, 나는 그리스도의 신부가 될 것입니다."라고 고백하는 일만 남아있다. 아마도 당신이 주 예수님을 얼굴과 얼굴을 맞대고 보기까지 조금 기다려야 할 수도 있다. 건너야 하는 광야의 여정이 다소 길수도 있다. 하지만 아무리 힘겹고 또 오래 걸릴지라도 그 힘거운 여정 끝에 그분을 뵙게 될 기쁨과는 결코 비교할 수 없을 것이다.

리브가는 어느 날 메시지를 들었고, 즉시 마음에 결단을 내리고 떠날 준비를 했다. 하지만 많은 사람들이 그리스도께 나아오는 것을 내일로 미루다가, 영원을 지옥에서 보낸다. 지금 예수님께 나아오길 간절히 바란다.

이제 우리가 누릴 현재적 축복을 방해하는 - 지체시키려는 - 대적의 역사가 어떻게 나타나는지 살펴보자.

종이 "일어나서" 바로 "내 주인에게로 돌아가게 하소서"라고 말했다. 그러자 가족들은 "이 아이로 하여금 며칠 또는 열흘을 우리와 함께 머물게 하라 그 후에 그가 갈 것이니라"라고 대답했다. 그들은 그녀가 결단을 내리는 것을 지연하길 원했고, 지금 당신 또한 그렇지 않은가? "언젠가는", "그렇지만 지금은 아니야"라고 말하고 싶을지 모른다. 미루고 싶은 것이다. 이것은 사탄의 매우 설득력 있는 목소리이다. 주님께로 돌아서지 않는다면, 당신은 그분께 등을 돌리고 있는 것이다. 당신은 죄 가운데 있기 때문에, 그 죄들이 당신을 심판의 자리로 끌고 갈 것이다. 열흘은 참으로 교묘하기 그지없다. 벨릭스는 이 열흘의 위력을 가장 잘 보여준 사람이었다.

"지금은 가라 내가 틈이 있으면 너를 부르리라."(행 24:25)

아, 불쌍한 벨릭스여! 언제 그대에게 시간을 낼 틈이 생겼는가? 그에겐 그때보다 더 좋은 시간과 기회는 없었다. 부디 지금 예수님께로 돌아오라! 아직 그리스도를 향해 결단을 내리지 못하고 우물쭈물하는 그대여, 벨릭스를 교훈으로 삼으라!

어쩌면 당신은 마지막 죽음의 침상에서 주님께로 돌아올 것이라고 생각할는지 모르겠다. 그것은 매우 기만적인 희망에 불과하다. 결코 당신의 생각처럼 되지 않을 것이다. 최근에 나는 진심 어린 그리스도인 친구들로부터의 권유에도 꾸준히 미뤄왔던 한 사람에 대한 이야기를 들었다. 그 친구들이 그에게 영혼의 구원에 대해 이야기하고, 그리스도께 나아오기를 간청

할 때에도 그는 "나는 하나님께서 너무나 자비하신 분이신 것을 아네. 내가 마지막 침상에서도 그분께 돌아서기만 하면 그는 내 기도를 들으시고 나를 구원해 주실 걸세. 그래서 난 그때까지 기다릴 것이네."라고 대답할 뿐이었다. 반복적인 경고에도 이러한 대답으로 일관해왔다. 그리고 그때가 왔다. 하지만 그곳은 침상이 아닌 그가 취미로 즐기며 종종 가던 사냥터였다. 사냥개들이 먹잇감을 찾기 위해 한참을 울어댔고, 그의 말이 양들이 쉬고 있던 쪽 울타리를 뛰어 넘을 때였다. 놀라고 불안을 느낀 양들이 사방으로 달아나기 시작했고 그들의 움직임에 놀란 말은 주인을 내팽개치듯 떨어뜨렸다. 떨어지던 그 남자에게서 나온 세 마디는, "하나님, 저를 긍휼히 여겨주세요!"가 아니라 양들을 향해서 "이 망할 놈들 지옥에나 가라!"였다. 이것이 그가 마지막으로 한 말이었다. 그는 이 말을 한 뒤, 목이 부러져 현장에서 즉사했다.

독자들이여, 영혼구원의 문제를 나중으로 미루는 것은 시간뿐만 아니라 영혼을 도둑질하는 일이라는 것을 확실히 알겠는가? 나는 로렌드 힐(Rowland Hill)의 말에 전적으로 동감하는데, 그는 이렇게 시간을 미루는 것을 가리켜 "지옥으로의 신병모집"이라고 불렀다.

당신은 마지막 임종 직전에 회개할 기회를 결코 얻지 못할 수도 있다. 지금이 그리스도를 확실히 영접할 수 있는 유일한 시간일수도 있다.

죄인이여, 나는 당신에게 이상의 내용들을 매우 엄중한 사실로 제시함으로써 경고하고 싶다. 당신은 이렇게 대답하고 싶을 수도 있다.

"그럼 내가 어떻게 해야 합니까?"

나의 대답은 이것이다. 지금 당신 자신을 그리스도께 바치라. 올지 안 올지 모르는 내일로 당신의 결단을 미루지 말고, 지금 하나님의 구원하심을 붙잡음으로써 영원에 대한 안전을 확실히 하길 바란다.

이제 젊은이들에게 호소하고 싶다. "정의롭게 죽고 싶다."라고 말하는 것은 별 의미가 없다. 정의롭게 죽고 싶다면 당신은 지금부터 의인의 삶을 살아야 한다. 당신이 원할 때 그리스도를 믿을 수 있다고 생각하는 것은 엄청난 자만이다. 시간이 허락된 지금, 그리스도를 영접하라.

"그녀의 오라비와 어머니가 이르되, 이 소녀가 며칠을 적어도 열흘을 우리와 함께 있게 하라 그 뒤에 그녀가 갈 것이니

라."(55절)

이것이 그날 그녀를 지체시키고자 했던 말이었지만, 오늘날에도 수많은 영혼들이 이 말을 반복하고 있는 것을 볼 때 얼마나 엄중한 일인지 모른다. 당신도 이렇게 말하고 싶은가?

"나는 그리스도를 영접하는 것을 잠시만 미룰 거야. 잠시면 돼. 한 열흘정도 시간을 두고 진지하게 생각해볼 거야."

오! 제발! 영광 가운데 계신 그리스도와 함께 하길 원한다면 바로 지금 그리해야 한다. 구세주를 둘러싼 기쁨이 넘치는 무리 가운데 있길 원한다면, "존귀하신 어린양"을 경배하는 무리 가운데 있길 원한다면, 지금 그리스도를 믿어야 한다.

하나님은 무엇이라 말씀하시는가? "지금"이라고 말씀하신다. 예수님은 지금 당신을 받아주신다. 당신이 더 이상 지체하지 않기를 진심으로 간청한다. 나는 당신이 복음의 메시지를 다시 듣지 못할 수도 있고, 구원 받을 수 있는 은혜의 날이 더 이상 없을 수도 있다고 말하길 감히 주저하지 않겠다. 사랑하는 독자여, 진정으로 그리스도의 것이 되는 기쁨을 안다면, 당신의 죄가 용서받고, 당신의 영혼이 구원을 받으며, 그리스도께서 당신을 소유하시고 당신이 그리스도를 소유하는 가슴 뛰는 즐거운 확신을 안다면, 당신은 아마도 그리스도께 돌아오기를 단 한 순간도 지체하지 않을 것이다. 예수님은 당신을 자신의 것이라고 소유를 주장하실 만큼 당신을 사랑하시고 원하신다는 것을 아는가? 예수님은 "세상에 있는 자기 사람들을 사랑하시되 끝까지 사랑하신다."(요 13:1) 아, 예수님의 사랑하시는 자가 되는 것은 예수님의 "자기 사람"이 되는 것이다. 그 어떤 것도 예수님의 사랑을 변하게 할 수 없다. 예수님은 당신을 자기 사람 중 하나로 계수하기를 바라신다.

그 사랑을 받아들이겠는가? 사탄이 당신을 며칠, 아니 열흘을 더 지체하도록 속이지 못하게 하라. 바로 지금 그 사랑을 받아들이라.

종의 대답이 어떠했는가? "제가 신부를 데려오지 못했습니다."라고 했는가? 나 또한 주님께 가서 당신의 마음을 얻는데 실패했노라고 말해야 하겠는가? 오! 결코 그래서는 안된다. 나는 진정 나의 주님께 "이들의 마음은 당신의 것입니다"라고 말할 수 있는 기쁨을 누리길 소망한다.

리브가의 가족들이 "네가 이 사람과 함께 가려느냐?"고 물었을 때 그녀의 대답은 어떠했는가? 그녀의 대답은 "내가 가겠나이다."였다. 어느 누구도 당신을 대신해 결정해 줄 수 없다.

당신의 영혼의 영원한 행복과 안전은 당신에게 달려 있다. 당신의 영혼은 구원을 받거나 아니면 잃어버리거나 둘 중 하나이다. 주님과 당신 영혼 사이에 그 누구도, 그 무엇도 가로막지 못하게 하라. 그리고 지금 결정하라. 바로 지금 결정하라!

예수님은 당신을 원하시고, 예수님은 당신을 기다리신다. 어떤 것도 당신이 주님께 나아오는 것을 막지 못하게 하라. "우리가 소녀를 불러 그에게 물으리라"라는 말에 대답해야 하는 사람은 바로 당신이다. 함께 가겠는가? 사랑하는 영혼이여, 함께 가겠는가? "내가 가겠나이다."라고 답하라! 그렇게 그리스도를 소유하고 또 그리스도의 사람이 될지라. 과연 그리스도께서 당신의 신랑이 되었는가? 당신은 무어라 대답할 것인가? 진정 함께 가겠는가? 이러한 질문은 내가 묻는 것이 아니라 성령님이 물으시는 물음이다. 하나님의 질문은 이렇다. "함께 가겠느냐? 그리스도를 만나러 가서 그분의 사람이 되겠는가?" 더 이상 지체하지 말고 대답해보라. 더 이상 미루지 말라. 내일 결정해도 된다고 어떻게 확신할 수 있는가? 내일이라는 시간은 하나님의 것이지 결코 당신의 것이 아니다.

"오늘날 너희가 그의 음성을 듣거든 … 너희 마음을 완고하게 하지 말라."(히 3:7,8)

더 이상 지체하지 말라. 하나님은 당신에게 머물러 계시며 계속해서 계속해서 이 말을 들려주고 계신다.

"함께 가겠느냐?" "함께 가겠느냐?"

"내가 가겠나이다." 믿음이 대답하게 하라.
"내가 가겠나이다." 마음으로 결단하라.
"내가 가겠나이다." 진지한 마음으로 대답해보라.

"내가 가겠나이다." 이것은 우리에게 베풀어진 은혜와 영광을 바라보고 결단하는, 우리 영혼의 고요하고도 확고한 다짐이다.

만일 그리스도를 영접하지 않는다면, 무슨 확실한 대안이라도 있는 것인가? 영원한 밤을 덮고 있는 음산한 적막 가운데, 유일한 빛이라곤 결코 꺼지지 않는 지옥불이 타들어가면서 내는 빛뿐이며, 그대의 유일한 친구는 당신과 같이 절망으로 가득한 죄인들과 및 마귀와 그의 사자들뿐이다. 그리고 유일하게 할 수 있는 일이라곤 하나님의 손이 뻗을 수 없는 영역에 당신을 떨어지게 만든 어리석음과 불신앙을 두고두고 후회하는 것뿐이다.

모든 것은 당신 자신을 예수님께 굴복하느냐 그렇지 않느냐에 달려있다. 당신 영혼의 대답이 "내가 가겠나이다"라면, 당신은 영원토록 하나님께 감사하게 될 것이다.

당신은 당신을 제외한 모든 사람이 구원받기를 원하는 것인가? 당신은 모든 사람은 포함시키되, 주 예수님을 둘러싼 복 받은 무수한 사람들이 결코 쇠하지 않을 영광 가운데 기뻐하는 일에 당신만은 제외시키길 바라는 것인가? 아마 그렇지 않을 것이다. 그렇다면 더 이상 지체하지 말고 내가 하는 질문에, - 아니, 하나님께서 그의 주권적인 은혜로 다시 한번 물으시는 질문에 - 확고한 대답을 하길 바란다.

그대여, "함께 가겠는가?"

남는다는 것은 곧 영원히 잃어버린바 된다는 것을 이제는 분명히 알기에 이 질문에 싫다고 대답하기는 쉽지 않을 것이다. 당신의 대답은 무엇인가? 여전히 "열흘 후"인가? 하나님의 관용이 영원히 지속되는 것이 아님을 알라. 열흘 후에는 당신 앞에서 천국 문이 영원히 닫혀버릴지도 모른다. 그때에야 비로소 "제발 문 좀 열어주세요."라고 부르짖는 당신의 안타까운 목소리는 허무한 메아리처럼 들릴 것이다. 하지만 하나님께 감사하자. 아직 당신에게는 대답할 기회가 남아있다. "내가 가겠나이다." 이 말이 당신의 진심이 되게 하라.

리브가는 신랑에게 가겠다고 결정할 때, 이삭을 한 번도 본 적이 없었지만 엘리에셀이 말해 준 것을 듣고 믿었다. 긴 광야 여정 동안 그녀가 만나게 될 신랑에 대해서 많은 질문을 했으리라고 생각되지 않는가? 엘리에셀이 신랑에 대해 하는 좋은 말들을 들으며 그녀의 마음은 점점 더 따뜻해지지 않았겠는가? 당신도 그럴 것이다. 성령님은 그리스도의 것들을 가져오셔서 우리에게 알리신다. 아, 성령님께 귀를 기울이라. 세상의 요란한 트렘펫 소리가 성령의 음성을 듣지 못하도록 방해하지 못하게 하라. 성령님은 당신에게 하나님의 너무도 사랑하시는 아들에 대해 말해줄 것이다. 오, 그리스도에 대해서 배우라. 그분의 온유하심, 그분의 사랑과 은혜를 배우라. 그리고 그분의 영광에 대해서도 배우라. 각각의 아름다움이 사모함으로 가득한 당신의 눈동자에 비춰질 때, 그분이 당신의 신랑이심을 알라. 만일 진정으로 그리스도께서 당신의 신랑이시라면, 은 보석, 금 보석 그리고 의복은 신랑으로부터 온 선물이라는 이유만으로 당신에게 더욱 소중하게 다가올 것이다.

리브가는 광야 여정 가운데 세상이 주는 또 다른 보석을 줍기 위해 낙타를 멈추어 세운 적이 있었을까? 나는 그렇지 않았을 것으로 믿는다. 그렇다면 당신은 죽음의 그림자가 드리운 세상의 시들어 없어질 즐거움을 얻기 위해 가는 길을 멈추겠는가?

결코 그래서는 안된다. 오직 당신의 이삭되시는 분과 함께 할 때 소유할 수 있는 영원한 기쁨과 만족을 누리기 위해서 서둘러야 한다. 부디 세상일에서 벗어나, 다만 이 땅에서는 순례자와 나그네가 되길 바란다. 하늘만이 당신의 집이다. 그곳만을 바라보고 가라. 주님을 얼굴과 얼굴을 맞대고 뵈올 때, 과연 어떠한 만남이 될 것인가? 여정 길에서 그에 대해 들었던 이야기도 경이롭지만, 지금껏 들은 것은 그에 대한 일부의 이야기에 지나지 않는다는 사실을 알게 될 때 당신의 영혼은 놀라서 소리치게 될 것이다.

　주님이 우리를 위해서 해주신 일에는 다음 세 가지가 있다. 주님은 우리를 사랑하셨고, 주님은 우리를 위해서 자기 자신을 내어주셨으며, 주님은 우리를 모든 죄에서 씻어주셨다. 어째서 주님은 이러한 일들을 해주셨는가? 그것은 "자기 앞에 영광스러운 교회로 세우사 티나 주름 잡힌 것이나 이런 것들이 없이 거룩하고 흠이 없게 하려[는]" 것이었다. 그렇다면 "어린 양의 혼인 잔치"의 날에 교회는 얼마나 영광스러운 신부의 모습으로 나타날 것인가!

　리브가는 엘리에셀을 따라 나섬으로써 엘리에셀의 인도에 자신을 맡겼고, 저녁 즈음 이삭이 맞으러 나오는 것을 보았다. 이것은 우리와 주님의 만남을 묘사하는 매우 단순한 모형적인 그림이다. 이삭은 자신의 신부를 맞이함으로써 위안을 얻었다. 우리는 예수님께서 "그 앞에 있는 기쁨을 위하여 십자가를 참으사 부끄러움을 개의치 아니하[셨던]" 것을 알고 있다. 그분의 기쁨은 자신의 신부가 영광 중에서 자신과 함께 할 때 충만케 될 것이다. 그처럼 복된 시간이 당신에게도 가까워지고 있는가? 여정의 끝이 진정 가까워져 오는 듯하다. 어쩌면 오늘 밤 "오실 이가 오시는" 밤이 될 수도 있다. 그는 오시는 중이다. 요한계시록 22장에 보면 세 번에 걸쳐 "내가 속히 오리라"고 말씀하신다. 당신은 준비되었는가?

"함께 가겠느냐?"
"네. 가겠습니다."

이것만이 이처럼 은혜로운 부르심에 합당한 대답일 것이다. 이제 글을 맺으며 결론적으로 이렇게 말하고 싶다. 당신이 그리스도의 신부가 되었음을 모두에게 알리라. 그리스도를 주로 고백하라. 그리고 주 안에 거하라.

"우리를 영원 전에 택하신 아버지께서,
당신의 사랑하시는 자,
예수 그리스도의 것으로 부르셨도다.
우리를 그리스도의 신부로 삼으셨고,

당신 안에서 주 예수님을 사모하게 하셨도다.

당신의 사랑은 변치 않고
매일의 삶 가운데 힘을 주시니,
우리 모두는 찬송 받으실 예수님을
찬양하도다!"

"세상에서 우리 스스로를 자랑하며 살았지만
우리의 의지할 분은
오직 생명과 영광의 주님뿐이네.
당신을 얼굴과 얼굴을 맞대고 만나 뵐 그곳으로
머지않아 우리를 인도하실 것이니,
거기서 우리 영광 중에 계신 주님을 찬미하리라. 아멘!
지금 이곳 뿐 아니라 우리가 갈 하늘 본향에서도
당신을 향한 찬양과 경배 멈추지 않으리라."

W.T.P. 월스톤

저자소개

W.T.P. 월스톤
(Dr. Walter Thomas Prideux Wolston, 1840-1917)

월스톤은 데본에서 출생했다. 그는 중생하기 전에는 극히 세속적이었고 죄악의 향락 속에 젖어 있었다. 그는 대학원을 졸업한 후에 법관이 되려고 변호사 사무실에 취직했다가, 1860년 12월 4일 좀 더 법률을 공부하려고 런던으로 갔다.

런던에 도착했던 첫 주일, 그는 친구의 권유로 리차드 위버(Richard Weaver)가 서레이 극장에서 전하는 복음의 말씀을 듣고 죄에 대한 영혼의 각성이 일어났다. 그 다음 주일 저녁 찰스 스탠리(Charles Stanley)가 전하는 복음을 듣고 영적 서광이 비추었고, 마침내 영혼의 평안을 얻었다. 그리고 그는 즉시로 그가 세상적 향락을 위해 이끌어 오던 음악 서클에서 손을 떼었고, 복음의 빚진 자로서 새로운 삶을 출발했다.

1864년에 주님은 그에게 스코틀랜드에서 일하도록 소명을 주셨다. 그는 에딘버러에 가서 노인 병원의 외과 의사로 봉사했는데 그의 인격과 의술은 널리 호평을 받았다. 한편 그는 건물이나 극장이나 가옥을 빌려 젊은이들에게 성경을 강해함으로써 큰 영향을 끼쳤다. 아울러 그는 45년간 월간지(The Gospel Messenger)를 발행하였으며, 전도 책자도 다수 출판했다.

1909년 은퇴한 이후 호주, 뉴질랜드, 노르웨이 등지를 여행하면서 복음을 전하고 성도들을 격려했다.

제 2부
어린양의 신부

해밀턴 스미스

(Hamilton Smith, 1862-1943)

제 1장
도입

잘 양육 받은 신자는 교회가 성령님에 의해서 영광 중에 계신 그리스도와 연합된 모든 신자들로 이루어져 있다는 것을 알고 있다. 게다가 교회는 오순절 성령강림으로 시작된 것과 그리스도의 재림 곧 휴거 때에 완성될 것도 알고 있다.

또한 우리는 교회가 신약성경에서 여러 관점으로 소개되어 있으며, 다양한 예표들을 통해서 설명되고 있다는 것을 잘 알고 있다. 교회는 한 무리(요 10:16), 하나님의 집(딤전 3:15), 한 몸(고전 12:12,13) 그리고 마지막으로 어린양의 신부(고후 11:2, 계 21:9)로 표현되어 있다.

각 경우 사실은 모두 동일한 무리의 사람들이지만 서로 다른 측면의 진리를 나타내고 있다. "한 무리"로서 교회는 광야와 같은 이 세상에서 자기 백성들을 이끌며, 적들로부터 그들을 구해내고, 모든 위험으로부터 지키며, 그들을 푸른 초장으로 인도하는 한 목자가 되시는 그리스도의 아름다우신 능력에 의해서 하나로 모인 신자들의 모임을 표현하고 있다. "하나님의 집"으로서의 교회는 성령으로 말미암아 하나님이 이 땅 가운데서 거하시는 처소로서, 진리가 지켜지고, 하나님의 은혜를 세상에 증거하는 곳을 표현하고 있다. "한 몸"으로서의 교회는 곧 그리스도께서 그 머리가 되심으로써 그리스도의 모든 충만함이 나타나고, 머리에 의해서 양육과 보살핌을 받는 한 무리의 사람들을 표현하고 있다.

"어린양의 신부"로서의 교회는, 교회가 그리스도의 사랑과 보살핌과 기쁨의 대상으로서, 오로지 그리스도를 위해서만 존재하고 있음을 표현하고 있다. 이러한 교회의 측면이 우리가 이제부터 살펴보길 원하는 주제이다. 신부로 표현된 교회는 특별한 방식으로 그리스도의 사랑을 나타내 보여주고 있으며, 이러한 이유로 우리의 심령에 매우 직접적으로 호소되고 있다.

신랑과 신부의 관계보다 더 친밀한 관계는 없다. 그렇기에 이 신랑과 신부의 예표는 교회를 향한 그리스도의 사랑을 보여주기에 완벽한 조합이다. 다시 말해, 하나님의 성령께서는 다음의 내용들을 소개하기 위해서 모든 관계 가운데 가장 친밀한 관계를 사용하셨다.

첫 번째, 교회는 그리스도의 사랑, 보살핌, 그리고 기쁨의 대상이다.
두 번째, 교회는 그리스도께서 사랑하실 만한 합당한 대상이다.
세 번째, 교회는 장차 재림하실 그리스도와 더불어 통치의 영광을 함께 누릴 동반자가 될 것이다.

신랑이 유업으로 받는 모든 것을 신부도 함께 상속받게 될 것이다. 그리스도께서 거절당하신 이 세대에 그리스도와 함께 고난에 참여한 교회는 그리스도의 영광의 날에 그리스도의 보좌에 동참하게 될 것이다. 그리스도께서 온 땅을 다스리실 때 교회도 그분과 함께 다스리게 될 것이다.

제 2장
그리스도와 그의 신부

에베소서 5장 22-32절을 읽으라.

에베소 성도들에게 쓴 서신의 내용 가운데 아주 실제적인 교훈을 담고 있는 이 구절에서 사도 바울은 결혼생활을 하고 있는 성도들의 행실에 대해서 권면하고 있다. 그와 동시에 바울은 결혼관계의 친밀성에 대해서도 말하고 있다. 우리 인생에는 부모와 자식, 형제와 자매 등 다양한 관계들이 있다. 하지만 남편과 아내의 관계처럼 그토록 가깝고 친밀한 관계는 없다. 사도 바울은 "둘이 한 육체가 될지니"라고 했고, 또한 "남편들도 자기 아내 사랑하기를 자기 자신과 같이 할지니"라고 말했다. 부부는 하나인 것이다. 따라서 사도 바울은 자기 아내를 싫어하는 자는 자신의 육체를 싫어하는 자가 되는 것인데, 그렇듯 자기 자신을 미워하는 경우는 없다고 논증하였다. 반대로 자기 아내를 사랑하는 자는 자기 자신을 사랑하는 것임을 가르쳤다.

이 교훈을 강조하고 또 남편과 아내의 관계가 가진 참된 의미를 드러내기 위해서, 사도 바울은 그리스도와 그리스도의 교회가 맺고 있는 영원한 관계를 설명하기 시작했다. 그리고 에덴 동산의 하와, 즉 신부의 모습으로 나타나는 교회를 향해 그리스도께서 품으신 너무나 아름다운 사랑으로 우리를 이끌어간다. 사도 바울은 자신을 위해 신부를 보호하는 것은 그리스도의 사랑인 것을 우리 앞에 소개하고 있다. 그리고 신부를 소유함으로써 자신에게 어울리도록 그녀를 단장시키는 것도 그 사랑이며, 결국은 그녀를 자기 앞에 아름다운 신부로 나타나게 하는 것도 그 사랑인 것을 우리에게 보여주고 있다.

첫 번째로, 25절 말씀을 읽어보자.

"그리스도께서 교회를 사랑하시고 그 교회를 위하여 자신을 주심 같이 하라."(25절)

교회를 위해 예비된 모든 복의 근원은 조건 없는 그리스도의 사랑에서 시작된다. 교회가 존재하기도 전에 그리스도께서는 교회를 온전하고 거룩하며 무한한 사랑으로 사랑하셨다. 그리스도는 교회를 위해 먼저 죽으시고, 깨끗케 하시고, 그런 다음 사랑하신 것이 아니었다. 오히려 그리스도는 먼저 사랑하셨고, 위하여 죽으셨고, 그런 다음 깨끗케 하셨다. 이미 사랑하고 있었던 교회를 위해서 자기 자신을 주신 것이었다. 그리스도는 교회를 위해서 단순히 무슨 일을 하신 것이 아니었다. 그리스도는 교회를 위해서 단순히 무엇을 포기하신 것도 아니었다. 교회를 향한 그리스도의 사랑은 무슨 일을 하거나 무엇인가를 포기하는 것보다 더 깊은 것이었다. 그리스도의 사랑은 자기 자신을 내어줄 정도로 한계를 모르는 사랑이었다. 자신의 완전한 신성을 건 사랑이었다. 그 무엇도, 그 누구도 그 사랑을 막을 수 없었다. 그렇게 그리스도는 자신을 내어주셨다. 더 이상 줄 수 있는 것이 없을 만큼 온전히 자신을 내어주신 것이다. 교회를 위해 자기 자신을 내어주심으로써 그리스도께서는 교회를 보호하실 뿐만 아니라 완전한 소유권에 의해서 교회를 소유하신다. 교회는 그리스도의 사역의 결과로서 실제적으로 존재하게 되었다. 그리스도는 자신을 위해 교회를 사셨다. 비록 혼인예식이 이루어지지 않았지만, 그리스도와 교회의 관계는 신랑과 신부의 관계로 이미 확정되었다. 교회는 명령에 순종하는지 아닌지 여부에 따라 그리스도와 관계를 맺는 대상이 아니다. 그리스도께서 전적인 그의 사역으로, 그 사랑의 열매로서 우리를 자신과의 관계 속으로 이끌어 들이셨다. 교회의 책임과 특권은 이미 형성된 관계로부터 흘러나온다. 우리는 그리스도에게 속해 있다. 바로 그 사실이 우리가 온전히 그리스도의 것이 되고, 또 온전히 그리스도를 위한 존재가 되어야 하는 우리의 의무이자 우리의 특권인 것이다. 신부는 신랑을 향한 충절에 얼마나 자주 실패하는지 모른다. 그럼에도 불구하고 그리스도는 자신의 변함없는 사랑에 언제나 충실하신 분이심을 잊지 말라!

두 번째로, 과거시점에서 그리스도께서 교회를 위해 자신을 내어주신 그리스도의 사랑을 그토록 감동적으로 제시한 사도 바울은 계속해서 현재시점에서 자신의 신부를 향한 그리스도의 사랑의 활동에 대해서 말한다. 바울은 우리에게 그리스도께서 "물로 씻어 말씀으로 깨끗하게 하사 거룩하게 하시[기]" 위해 자신의 신부를 지켜 보호하신다고 말한다. 죽음으로 신부를 지켜낸 그 사랑은 이제, 영광 가운데 계신 그리스도와 함께 하게 될 최고의 행복한 순간을 위해서 그녀를 준비시키는 데 몰두해 있다. 신랑은 그녀를 자신의 사랑에 합당한 상대로, 자신의 사랑에 반응할 수 있는 존재로 준비시키고 있다. 그리스도의 사랑이 신부를 성화시키고 또 깨끗하게 하는데 열중해 있는 것도 바로 이 때문이다. 깨끗하게 하는 것(cleansing)은 우리로 그리스도에게 속하도록 하기 위한 것이 아니라, 사실은 우리가 이미 그리스도에게 속해 있기 때문에 (계속해서) 깨끗하게 해야 하기 때문인 것이다. 게다가 우리는 그리스도에게 이미 속한 자가 되었기에, 그리스도는 우리를 자신에게 더욱 합당한 존재로 만들어 가신다. 그리스도는 우리로 하여금 헌신된 사랑을 품고 그분 자신에게 전적으로 드려지게 하시는 일을 하실 뿐만 아니라, 자신과 반대되는 모든 것들로부터 우리를 깨끗하게 하시는 일을 하신다.

바로 이러한 일을 이루기 위한 수단이 "물로 씻어 말씀으로 깨끗하게"(엡 5:26) 하는 것이다. 주님이 아버지께 기도하실 때 이것을 이렇게 표현하셨다. "그들을 진리로 거룩하게 하옵소서 아버지의 말씀은 진리이니이다 … 또 그들을 위하여 내가 나를 거룩하게 하오니 이는 그들도 진리로 거룩함을 얻게 하려 함이니이다."(요 17:19) 주님은 자신을 하늘에 있는 자로 따로 성별시키셨다. 따라서 우리도 스데반처럼 열려진 천상세계를 올려다볼 때 영광 중에 계신 그리스도, 자신을 성화시키신 거룩한 존재를 보게 될 것이다. 영광 중에 계신 그분을 바라볼 때, 우리는 그리스도께서 우리가 어떠한 자가 되기를 원하셨는지 알게 될 것이며, 주님의 영광을 바라볼 때 우리도 저와 같은 동일한 영광의 형체로 변화되어 영광으로 영광에 이르게 될 것이며, 따라서 온전한 존재로 변화시키는 능력을 체험하게 될 것이다. 우리의 시선이 그리스도께 향할 때 "말씀" 또한 우리가 바라보는 분의 완전함에 대한 참된 계시를 열어줄 것이며, 이로써 우리는 그저 우리 자신의 상상에 의한 감상(感想)이나 거기에 젖은 심상(心象)에 머물지 않게 될 것이다. 게다가 말씀은 우리 속에 또는 우리를 둘러싼 모든 것들 가운데 그리스도와 그분이 계신 천상세계에 합당치 않은 것들을 검출해내고 또 책망할 것이다.

"말씀"이 가진 가치란 얼마나 큰 것인가! 그리스도께서 자신의 교회를 깨끗하게 하실 때 사용하시는 도구가 바로 "말씀"이다. "말씀"을 우리의 영혼에 적용하거나, 말씀으로 서로를 섬길 때에 우리 영혼은 확신과 신뢰 속에 잠길 뿐만 아니라 담력과 용기로 충만해진다. 이는 주님이 은혜 속에서 사용하시는 말씀을 통해서 우리는 믿음을 사용할 힘을 얻기 때문이다.

이렇게 성경의 빛을 통해서 우리 영혼이 조명을 받게 되면, 하늘에 있는 그리스도께서 열중하고 계시는 것과, 이 땅에 있는 우리가 열중하고 있는 것이 어떻게 다른지 우리 마음에 도전을 받게 된다. 에베소서에서 실제적인 삶에 대한 교훈을 다루는 부분에서 자신의 신부를 향한 그리스도의 사랑을 소개한 것은 분명 우리 삶에 실제적인 영향을 주고자 의도된 것이다. 우리 모두를 향한 질문은 이것이다. "우리는 과연 그리스도께서 관심하고 있는 것을 우리도 관심하고 있는가? 우리는 과연 그리스도께 어울리는 존재가 되고, 바로 지금 그리스도의 사랑에 반응하고 즐거워하는 자가 되기를 갈망하고 있는가? 그리하여 신랑이 부재해 계신 동안, 오로지 신랑만을 기다리는 신부와 같이 신랑이신 그리스도께 신실한 자가 되기를 원하는가?"

세 번째로, 신부를 향한 그리스도 사랑의 현재의 활동들은 여전히 미래적인 것, 즉 "어린양의 혼인잔치"를 내다본 것이다. 그 날에 그리스도는 교회를 자기 앞에 "티나 주름 잡힌 것이나 이런 것들이 없이 거룩하고 흠이 없는" 영광스러운 교회로 세우실 것이다. 이것은 교회가 장차 영광 가운데 들어갈 뿐만 아니라, 교회가 "영광스러운" 존재가 될 것을 의미한다. 교회는 그리스도와 같이 될 것이며, 그리스도의 영광스러운 존전 앞에 합당한 존재가 될 것이다. 그리스도는 이를 위해서 신부를 보호하신다. 그리스도는 자신을 위해 교회를 준비시키신다. 그리고 자기 앞에 교회를 세우실 것이다. 그리스도의 사랑이 이 모든 것의 원천이며, 사랑이 십자가에서 시작한 것을 영광 가운데서 완성시킬 것이다.

이제 이 교훈적인 구절에는 교회와 그리스도에 관한 더 중요한 진리가 있다. 사도 바울은 계속해서 그리스도께서 교회를 양육하고 보호하실 뿐만 아니라 우리를 "그의 몸의 지체,

곧 그의 살 중의 살이요 그의 뼈 중의 뼈"(엡 5:30)처럼 대우하신다고 말하고 있다. 이것은 지금까지 우리가 살펴본 것과는 구별되는 또 다른 귀한 진리를 전해준다. 우리는 그리스도께서 자신의 신부를 하늘에 합당한 존재로 다듬어 가신다는 것을 살펴보았다. 지금 우리는 그리스도께서 이 땅 가운데서도 자신의 신부를 돌보신다는 사실을 배운다. 거룩하게 하고 또 깨끗하게 하는 것은 영광 가운데 나타날 것을 내다보는 것이지만, 양육하고 보호하는 것은 이 땅을 살아가는 우리의 순례 여정 기간 동안 일어나는 일이다. 그리스도의 사랑은 미래의 영광을 내다볼 뿐만 아니라 자신이 부재한 이 시기 동안 영광을 향해 나아가는 우리를 이 어두운 세상을 통과하는 동안 지키고 보호해준다. 그리스도는 우리가 처한 환경과 우리가 만날 시련과 우리의 약함과 결함을 아실 뿐더러, 그 가운데서 우리를 돌보시며 또한 우리의 모든 필요를 채워주신다. 그리스도는 이렇게 우리를 양육하신다. 또한 우리를 보호하신다. 즉 우리의 필요를 채워주실 뿐만 아니라, 자신이 보호하는 사람들을 아주 귀한 보물을 다루듯 소중히 여기신다.

우리가 주님에게 얼마나 귀한 존재인지에 대한 지각을 주기 위해, 즉 자신이 정한 교회의 가치를 알려 주기 위해, 그리스도는 우리를 자기 몸의 지체이며, 자기 살 중의 살이요, 자기 뼈 중의 뼈라고 말하고 있다. 다시 말해, 사람의 육체가 그 사람인 것처럼, 우리를 자신과 동일체로 보시는 것이다. 그 때문에 교회를 보호하는 것이 곧 그 자신을 보호하는 것이 된다. 따라서 그리스도께서는 사울에게 "네가 어찌하여 나를 박해하느냐?" (행 9:4)라고 말씀하셨던 것이다. 사울은 실제 교회를 핍박하였지만, 그 같은 행동을 통해 그리스도를 핍박하였던 것이다.

누군가는 이런 말을 했는데, 이 얼마나 귀한 진리인지 모른다.

"교회의 부족, 연약, 곤경, 염려 등. 이 모든 것들은 그리스도께서 자신의 사랑을 나타낼 기회일 뿐이다. 교회는 우리의 몸이 그러하듯 양육을 받아야 한다. 그리스도께서 교회를 보양하신다. 교회는 그리스도의 따뜻한 애정의 대상이다. 그리스도는 교회를 보호하신다. 본향이 하늘일진대, 교회는 이 땅에 외로이 남겨지지 않을 것이다. 교회는 자신이 원하는 것은 그리스도의 사랑뿐인 것을 배운다. 모든 필요가 다 사라지고 난 후, 교회는 그리스도의 사랑만을 누릴 것이다."

제 3장
하나님의 계획 가운데 있는 신부

창세기 2장을 읽으라.

지금까지 살펴본 에베소서 5장의 본문은 창세기 2장의 끝부분에서 하나님이 하와를 만드시고 아담에게로 이끌어 오신 후, "이러므로 남자가 부모를 떠나 그의 아내와 합하여 둘이 한 몸을 이룰지로다."라고 하신 말씀을 인용하며 끝맺고 있다. 사도 바울은 이 구절을 에베소서 5장에서 인용한 후에 즉시 "이 비밀이 크도다 나는 그리스도와 교회에 대하여 말하노라"(32절)라고 덧붙였다. 이것은 아담과 하와를 통해서 그리스도와 교회에 대한 너무나 아름다운 모형을 볼 수 있음을 우리에게 확증해준다.

모든 것이 거룩한 질서를 따라 정돈된 에덴 동산을 통해서 우리는 인간을 향해 하나님의 마음 속에 무엇이 있었는지 뿐만 아니라 그리스도를 향해 하나님의 마음 속에 무엇이 있었는지를 배우게 된다. 아담은 하나님이 목적하신 사람이 아니었다. 그는 다만 오실 그리스도의 표상일 뿐이었다. 우리는 이 지구가 왜 경이로운 창조물들로 가득해야 하는가? 하는 의문을 가질 수 있다. 이제 그리스도와 교회의 비밀이 드러났고, 우리는 하나님의 대답을 알고 있다. 하나님의 대답은 죄가 들어오기 전 창조사역이 완성된 그림을 통해서 직접적으로 주어졌다. 하나님의 대답은 그리스도와 및 (그리스도를 통한) 하나님 마음의 만족에 있다. 교회가 세상의 기초를 놓기도 전에 계획되었다는 것은 사실이다. 따라서 교회는 우리로 하여금 하나님의 영원한 목적을 생각하게 하며 영원으로 우리를 이끈다. 교회는 비록 시간과 창조를 통해서 나타났지만, 영원에 속한다. 교회는 하나님께서 창조 이후에 생각해낸 결과물이 아니다. 창조는 시간상 먼저 왔지만, 교회는 하나님의 계획 속에 먼저 예정되어 있었다. 우리는 이 사실을 에베소서 3장을 통해서 확인할 수 있다. "영원부터 만물을 창조하신 하나님 속에 감추어졌던 비밀의 경륜이 어떠한 것을 드러내게 하려 하심이라 이는 이제 교회로 말미암아 하늘에 있는 통치자들과 권세들에게 하나님의 각종 지혜를 알게 하려 하심이니 곧 영원부터 우리 주 그리스도 예수 안에서 예정하신 뜻대로 하신 것이라."

(엡 3:9-11) 교회가 새로운 창조로 나타났다. 현재 존재하는 하늘과 땅은 때가 되면 사라지겠지만 교회는 하나님의 영광을 나타내고 또 그리스도의 사랑을 누릴 대상으로 세세토록 존재할 것이다.

여기서 나타난 그리스도와 교회를 볼 때, 우리는 하와가 그리스도의 신부인 교회를 예표하고 있다는 사실을 기억해야 한다. 앞서 살펴본 바와 같이 교회의 다른 측면들이 많이 있지만, 하나님의 마음에 가장 가깝고 또 그리스도의 마음이 가장 잘 드러난 교회의 지고(至高)한 개념을 통해, 우리는 하나님께서 그리스도의 사랑에 온전히 합당한 대상을 찾기를 의도하셨다는 사실을 알 수 있다. 신부로서 교회의 모습을 통해서 우리는 자신들의 마음에 만족을 주는 대상을 그리스도에게서 발견한 한 무리의 사람들을 볼 수 있을 뿐만 아니라 그리스도의 사랑에 적합한 대상이 된 한 무리의 사람들 또한 볼 수 있다. 이것이 그리스도의 신부로 나타난 교회가 가진 경이로운 모습이자 복됨이다. 교회가 사랑의 대상을 그리스도 안에서 찾게 되었다는 것도 놀라운 일이지만 교회가 그리스도께서 온전히 사랑하실 만한 합당한 대상이 된다는 것은 더욱 놀라운 일이 아닐 수 없다.

이처럼 경이로운 사실과 함께 하나님은 자신의 책을 시작하시고 또한 이처럼 경이로운 사실과 함께 자신의 책을 마무리 하신다. 하나님이 시작하신 일은 결코 중간에 포기하지 않으 신다. 창세기는 이러한 하나님의 마음에 있는 생각을 드러내 는 장면으로 시작되고 있다. 비록 죄와 죽음이 하나님의 창조 를 손상시키고, 인간의 실패의 길고도 슬픈 역사 속에서 책임 가운데 있는 교회도 타락해가므로 이러한 장면이 흐릿해지고 시야에서 사라지기까지 한다 할지라도, 하나님의 이처럼 놀라 운 생각은 마침내 빛 가운데 드러나게 될 것이고, 성경의 마지 막 책인 요한계시록에서 예수님께서 자신의 신부를 기뻐하고 또 신부는 신랑 되신 예수님을 기다리는 모습을 다시 한번 우 리는 보게 된다.

창세기 2장의 장면을 잠깐 살펴보면, 우리는 하나님께서 사 람을 위해 준비하신 기쁨의 동산에 대한 설명을 볼 수 있다. 에 덴은 "기쁨, 즐거움"이라는 뜻이다. 자신의 창조물들에게 즐 거움을 주시는 것, 바로 그것이 하나님의 기쁨이었다. 동산 안 에는 "보기에 아름다운" 나무들이 있어서 아름다움을 선사했 고, "먹기에 좋은" 나무가 있어서 사람의 양식의 필요를 채워 주었으며, 생명나무가 있어서 이 모든 풍경을 세세토록 누릴 수 있는 능력을 주었다. 게다가 하나님께서 금하신 선악을 알 게 하는 나무도 있었다. 이러한 기쁨의 동산에서는 하나님께 순종함으로써 하나님과의 관계를 누리며 살 수 있었다.

아름다운 풍경은 완성되었고, 인간은 그것을 가꾸고 지키기 위해 동산에 있게 되었다. 이렇게 아름다운 장소였음에도, 무언가 완전을 결핍하고 있었다. 그 이유인즉, 남자가 독처했기 때문이다. 주변 환경은 완벽했고, 아담은 최고의 지위를 가졌고 또 모든 만물의 영장(令狀)이었지만, 그는 혼자였고 혼자 사는 것은 좋지 않았다. 그의 눈에 기쁨을 주는 모든 것이 있었고, 살아가는데 필요한 모든 것이 있었다. 주변 환경을 누릴 수 있는 능력 또한 있었다. 모든 것이 아름답고 풍족했지만 그 마음을 만족시킬만한 대상은 없었다. 위대한 것에서부터 미물에 이르기까지 모든 피조물이 다 있었지만, 그 마음의 사랑에 반응하는 대상은 그 어떤 것도 없었다. 그는 혼자였다.

이제 우리 앞에 새로운 장면이 펼쳐진다. 죄가 침입해 들어온 일이 없는, 아름다운 예시(豫示)를 담은 장면이다. 에덴 동산은 그 자체로는 완벽했지만, 원수의 공격에 노출되어 있었고, 우리는 이미 이 기쁨의 동산에 사탄이 얼마나 속히 죄와 죽음과 파멸을 가지고 들어왔는지를 잘 알고 있다. 하지만 에덴이 예표하고 있는 하늘나라는 완전한 장소이고 영원한 기쁨의 장소일 뿐만 아니라 "속이는 자는 결코 들어올 수 없으며 죄로 물든 발이 결코 밟은 적이 없는" 곳이다. 그곳은 더 이상 죽음도, 슬픔도, 눈물도, 그 어떤 고통도 없는 곳이다. 이와 같은 것들은 그곳에 있을 수 없으며, 또한 들어갈 수도 없다. 왜냐하면 그러한 것들은 이미 지나갔기 때문이다. 하지만 그곳에 예수님이 계신다. 인자이신 예수님께서 영광의 광채 가운데 최고 통치권자가 되실 것이며, 우리는 더 이상 예수님께서 가꾸고 지키기 위해 그곳에 계신다고 말할 필요는 없을 것이다. 왜냐하면 영원한 안전으로 두르고 있는 우리의 하늘나라는 예수님께서 친히 성취하신 사역의 결과이기 때문이다.

> 우리의 본향은
> 더 이상 우리를 괴롭히는
> 자연의 악도 없고
> 인간의 거만한 손길도 닿지 않고,
> 다만 밝은 빛과 복으로 가득한 곳일세.
> 인간의 모든 감각을 충족시키는 다양한 매력이
> 아름다운 빛으로 발산되고,
> 그래서 우리를 둘러싼 모든 것들이
> 예수님을 찬송하는 곳.
> 그곳이 우리의 본향이로다.

그럴지라도, 예수님이 그곳에 혼자 계신다면 과연 예수님의 마음에 만족이 있을까? 무궁한 온전함, 무궁한 거룩함이 있는 바로 그곳에 만일 예수님이 계시지 않는다면 과연 우리는 만족할 수 있을 것인가? 만일 우리가 그곳에 없다면 주님은 만족하실까? 무궁한 온전함 자체가 마음을 만족시키는 것이 아니다. 우리도 사랑의 대상이 있어야 하지만, 그분의 마음에도 사랑의 대상이 있어야 한다. 그렇다면 이러한 사랑의 대상은 어떻게 안전히 지켜질 수 있을까? 하나님께서 아담에게 배우자를 주신 방법을 보며 우리는 이것을 배울 수 있다.

먼저 배우자가 될 대상은 반드시 그와 "동반자" 혹은 그와 "같은" 존재이어야 한다는 것을 배울 수 있다. 우리는 이 사실을 창세기 2장 18절의 마지막 두 단어, "그를 위하여"를 통해서 볼 수 있다. 아담의 마음을 만족시킬 수 있는 상대는 반드시 그와 "같은" 존재로서 그와 같은 생각과 애정을 가지고 그의 사랑에 반응할 수 있어야 했다. 이는 사랑은 그 사랑에 반응하는 대상이 있을 때에야 비로소 만족될 수 있기 때문이다.

하등 동물들이 아담의 앞을 지나갔다. 아담은 각각의 이름을 지어주었는데, 공상적인 이름이 아니라 그 이름대로 각 피조물의 특징을 담아내는 이름이었다. 동물의 이름을 지은 것을 보면 아담에게는 동물에 대한 완벽한 지식이 있었다는 것을 알 수 있다. 아담은 그러한 충만한 지식이 있었지만 자신과 "같은" 상대를 찾지는 못했다. 모든 하등 동물 가운데에서 자신의 생각을 나누고, 자신이 느낀 것을 함께 느끼며, 자신의 사랑에 반응하는 대상은 없었다. 아담은 다른 동물들보다 헤아릴 수 없을 만큼 높은 수준에 있었다.

그러므로 그와 "같은" 대상이 존재하기 위해서는 반드시 하나님의 새로운 간섭이 있어야 했고, 이 새로운 사역에서 나타난 세 가지 분명한 사실이 있다.

첫째, 하와는 아담에게서 취해졌다.
둘째, 하와는 아담을 위해 지음을 받았다.
셋째, 하와는 아담에게 주어졌다.

앞서 살펴본 에베소서 5장에서 우리는 이 세 가지 위대한 진리를 보게 된다. 첫째로, 하와가 아담과 같은 존재가 되기 위해서는 반드시 그에게서 취해져야 했다. 그리하여 아담이 깊이 잠들었을 때 그의 갈비뼈를 취해서 여자가 만들어진 것이다. 마찬가지로 그리스도도 자신과 같은 존재, 곧 그의 사랑에 반응할 수 있는 신부를 맞이하고자 했을 때, 교회도 그리스도에게서 취하여져야 했다. 그리스도도 죽음의 깊은 잠을 자야 했고, 그렇지 않으면 홀로 독처해야 했다. "한 알의 밀이 땅에 떨어져 죽지 아니하면 한 알 그대로 있고"(요 12:24), "그의 영혼을 속건 제물로 드리기에 이르면 그가 씨를 보게 되며"(사 53:10) 여기서 "씨"는 그리스도와 같은 존재로서, 그의 죽음의 산물이며, 사랑이 그의 죽음을 불러왔다. 따라서 우리는 "그리스도께서 교회를 사랑하시고 그 교회를 위하여 자신을"(엡 5:25) 주신 것을 볼 수 있다.

더 읽어보면, 갈빗대 하나를 취하고 살로 대신 채우신 "여호와 하나님이 아담에게서 취하신 그 갈빗대로 여자를 만드신" 것을 볼 수 있다. 교회와 연관해서 생각해보면, 이러한 일은 성령에 의해서 오늘날에도 행해진 일인 것을 알 수 있다. 즉 그리스도의 죽음으로 그리스도와 같은 존재인 신부가 나온 것이다. 게다가 현재적인 성령의 사역으로 말미암아 그리스도는 물로 씻어 말씀으로 깨끗하게 하사 거룩하게 하시는 일을 통해서 우리의 마음을 그리스도에 대한 사랑으로 흠뻑 젖게 하신다. 우리의 마음은 계속해서 그리스도의 사랑에 의해서 강력한 영향을 받고 있다. 그리스도께서 우리를 순결하고 정결한 처녀로서 신부의 자격에 합당하지 못한 모든 것에서 깨끗하게 해주시고 자신에게 합당한 존재로 구별해 놓으신 결과, 우리 속에는 신부의 마음이 형성된다.

마지막으로 신부의 나타남이 있다. 하와가 아담에게 소개되었다. 그러자 아담은, "이번에야 말로 [즉 동물들이 자기 앞을 지나갔을 때와는 대조적으로] 이는 내 뼈 중의 뼈요 살 중의 살이라 이것을 남자에게서 취하였은즉 여자라 부르리라"(창 2:23, 다비역 참조)고 말했다. 마침내 아담은 자신과 "같은" 존재를 찾은 것이다. 이와 같이 그 날이 오고 있다. 즉 교회를 "영광스러운 교회로 세우사 티나 주름 잡힌 것이나 이런 것들이 없이 거룩하고 흠이 없게" 그리스도에게 소개하게 될 때가 오고 있다. 이 날은 교회가 그리스도에 속하고 또 그리스도와 같이 되는 날이다. 교회는 말씀의 효력으로 성화되고 정결하게 됨으로써 그리스도의 사랑에 의해서 세움을 받고, 마침내 그리스도의 사랑에 반응할 수 있게 된 것이다. 이제 영원토록 그리스도는 자신과 똑같은 자신의 신부를 맞이하게 되었다. 신부는 그리스도의 사랑에 완벽하게 어울리는 자가 되었기에, 이제 그리스도가 생각하는 것과 같이 생각하며, 그리스도가 느끼는 것을 느끼며, 그리스도가 사랑하는 것을 사랑하는 자가 된 것이다. 이제야 그리스도는 진실로 만족하실 것이다. 자기 영혼의 수고한 열매를 보고 진실로 만족하게 여기실 것이다.

오, 놀라운 약속의 날!
신랑과 신부가
영원한 영광 가운데 있고,
서로 사랑으로 만족하도다.

제 4장
신부로의 부르심

창세기 24장을 읽으라.

창세기 24장은 그리스도인에게 매우 흥미로운 장이다. 삼위일체 하나님의 모든 위격이 관여되어 전개되는 놀라운 그림을 담고 있기 때문이다.

(세상의 필요는 늘어가고 기독계의 부패는 점증하고 있고, 게다가 하나님의 백성들은 모든 일에서 실패하고 있기 때문에) 우리는 늘 종교 예식(형식)에의 추구, 이단에 대한 끊임없는 경계, 그리고 진리를 위한 투쟁 등에 우리의 생각을 빼앗기게 되고, 거기에 더하여 우리는 대적의 모든 궤계와 부패케 하

는 역사와 참혹한 우리의 실패에도 불구하고 하나님이 배후에서 여전히 일하신다는 사실을 간과하곤 한다. 따라서 하나님께서 우리에게 이처럼 아름다운 그림을 통해서 삼위일체 하나님의 목표와 활동을 포괄적으로 보여주신 것은 결코 작은 은혜가 아니다. 이러한 이유로 인간의 망각과 실패에도 우리의 영혼은 하나님과 그분의 목적 안에서 기뻐할 수 있을 뿐만 아니라, 실패와 반대세력이 있음에도 하나님은 목적하신 바를 반드시 이루시는 분이심을 알게 될 때 우리는 잠잠하고 고요할 수가 있다.

창세기 24장에 나타난 모형적인 가르침으로 들어가기 위해서 우리는 이 장의 앞뒤 장들과의 연관성을 이해해야 한다. 창세기 24장은, 창세기 22장으로 시작하여 25장 10절에서 끝나는 아브라함의 역사 가운데 마지막 부분을 다루고 있다. 인생 초기의 묘사는 그의 개인적인 믿음의 삶을 다루고 있지만, 이 마지막 부분에서는 하나님의 세대적인 섭리를 다루고 있다. 창세기 22장에서 이삭이 제물로 드려졌지만, 비유컨대 죽은 자 가운데서 도로 받았다. 이것은 그리스도의 죽음과 부활에 대한 놀라운 모형이다. 이삭을 제물로 드린 장면에 이어서 창세기 23장에서는 사라의 죽음을 이야기하면서, 아브라함을 그 약속의 땅에서 "나그네요 거류하는 자"(4절)로 소개하고 있다. 이 모든 모형들은 그리스도의 죽으심의 결과로 약속에 기초한 이스라엘 민족이 잠시 제침을 당하게 된 사실을 보여준다. 그리고 나서 창세기 24장에서 리브가를 부르는 장면을 통해서, 이스라엘이 제침을 당하는 기간 동안 그리스도의 신부로서 교회가 부르심을 받는 장면을 모형적으로 보게 된다. 창세기 25장에서는 아브라함의 결혼을 통해서 전체 그림이 완성되는데, 아브라함의 두 번째 부인의 아들들을 통해서 이스라엘의 회복과 이방인들이 천년왕국에 들어가 누리는 축복을 예표하고 있다.

창세기 24장을 묵상해보면, 우리는 그리스도와 교회가 가지고 있는 엄청난 비밀이 한 폭의 그림처럼 펼쳐지는 것을 볼 수 있다. 우리는 그 속에서 하나님의 목적을 볼 수 있을 뿐더러, 그 목적을 이루어 가시는 하나님의 섭리를 볼 수 있다.

우리 마음에 깊이 새겨야 하는 사실은, 하나님의 목적이 그리스도의 신부로서 교회와 긴밀하게 연결되어 있다는 것이다. 우리가 이미 살펴본 것과 같이, 교회의 이러한 측면은, 교회가 그리스도의 사랑을 받기에 온전히 합당한 대상이 되는 것이 하나님의 목적임을 보여준다. 이 장에서 우리는 신부가 부르심을 받고, 신부로 단장하고, 신랑에게 합당한 모습으로 준비되어서 신랑에게 비로소 신부로 인도되는 장면을 볼 수 있다. 도덕적으로도 그리스도의 마음에 합당하게 되고 또 그리스도의 사랑에 반응할 수 있는 인격과 성품을 갖추는 것은 신부로서의 교회와 관련된 매우 중요한 주제이다.

우리는 하와의 창조를 통해서 모형적으로 그리스도의 신부를 상징하고 있는 것을 살펴보았다. 그리고 18세기가 흐른 후, 이삭과 리브가를 통해서, 다시 한 번 그리스도와 그의 신부의 이야기를 보게 된다. 성경에는 단순한 반복이 없으므로, 여기에는 분명 차이점이 있다. 하와를 통해서 우리는 하와를 창조하시고 아담에게로 이끌어 오신 전적인 하나님의 역사의 결과로서의 신부의 모습을 본다. 반면 리브가를 통해서 우리는 (성령님을 예표하는) 종의 사역을 통해서 사랑이 촉발됨으로써 신부의 마음 속에 사랑과 애정으로 가득해진 신부의 모습을 본다. 만일 하와가 신부를 위한 하나님의 역사를 보여준다면, 리브가는 신부 속에서 일어난 하나님의 역사를 보여준다.

이 장은 아브라함이 자기 종에게 가야할 길을 지시하는 장면으로 시작한다(1-9절). 이 장의 주된 내용은 종과 그의 임무에 관한 것으로 이루어져 있다(10-61절). 그리고 이삭과 그의 아내가 된 리브가를 향한 그의 사랑으로 이 장은 마쳐진다(62-67절). 따라서 우리는 모형적으로 첫 번째 부분에서는 하나님 아버지와 그분의 목적을 볼 수 있고, 두 번째 부분에서는 성령님과 그분의 사역을 볼 수 있으며, 그리고 마지막 부분에서는 그리스도와 그분의 사랑을 볼 수 있다. 따라서 이 그림을 통해서 우리는 삼위일체 하나님께서 신부를 얻으시는 일에 모두 관여하신 것을 볼 수 있다.

1. 첫 번째 부분

우선 우리는 이삭을 위한 신부에 대한 생각은 아브라함으로부터 시작됐음을 알 수 있다. 창세기 24장은 아브라함의 이야기로 시작되고 있다. 아브라함은 이삭에게 신부가 필요하다는 자신의 생각을 종에게 전하고, 자신의 종을 교육시킨 후 그를 떠나보낸다. 여기서 우리는 그리스도의 신부에 대한 생각은 아버지 하나님의 마음에서 비롯되었다는 것을 알게 된다. 게다가 성령님을 보내셔서 그리스도에게로 신부를 이끌어 오게 하신 분 또한 아버지 하나님이시다(요 14:26).

2절에서 우리는 아브라함의 집에 있던 "늙은 종"의 행사(行使)가 이 이야기의 중요한 부분을 차지하고 있음을 알 수 있다. 놀랍게도 그의 이름은 전혀 언급되고 있지 않다. 그렇다면 이 종은 자신에 대해서는 아무 말도 없고, 다만 그리스도의 것들을 가지고 우리에게 보여주기 위해서 오신 성령님의 모형이 아니고 무엇이랴?

이 세상에서 일하시는 성령의 활동은 많고 다양하지만 이 장에서 성령님은 신부에게 빛을 비추고, 그리스도의 영광을 계시함으로써 신부 속에 사랑을 일깨우며 그리고 나서 그녀를 그리스도에게로 이끎으로서 서로에 대한 사랑을 만족시키는 일을 하시는 것이 나타나 있다.

종이 아브라함으로부터 받은 지시는 매우 놀랍다. 우리의 영혼 또한 이러한 교훈들을 통해서 영적으로 윤택해질 수 있다.

1) 이삭의 신부는 반드시 이삭에게 어울리는 대상이어야 했으며, 따라서 결코 가나안 족속의 딸 중에서 택하지 말아야 했다(3절). 가나안 족속은 심판받을 운명에 처한 사람들이었기에 이삭에게는 전적으로 합당하지 않았다. 리브가가 등장하는 이 장면은 죄인에게 구원을 베푸시는 하나님의 은혜를 보여주는 장면이 아니라, 사실은 성도에게 구애(求愛)하는 그리스도의 사랑을 보여주는 장면이다. 만일 이 장면이 천하디 천한 죄인에게 미치는 하나님의 은혜를 보여주기 위한 것이었다면, 복음서에서 하나님이 자신의 은혜를 나타내기 위해서 가나안 족속의 딸인 수로보니게 여인을 선택하셨던 것처럼, 가나안 족속의 딸들에게도 그 종을 보내셨을 것이다.

2) 이삭에게 합당한 신부가 되기 위해서는 반드시 이삭의 친족이어야 했다. 따라서 종에게 내려진 지시 또한, "내 고향 내 족속에게로 가서 내 아들 이삭을 위하여 아내를 택하라"(4절)는 것이었다. 우리가 이미 아담에게 합당한 신부는 "그와 같은" 존재여야 했고, 또 "그와 같은" 존재를 얻기 위해서 아담이 "깊은 잠"을 자야 했다는 것을 알고 있다. 이삭도 마찬가지로 모형적으로 죽음을 통과해야 했고, 모리아 산에서 제물로 드려져야 했다. 따라서 메소포타미아에서 온 신부를 얻을 수 있었던 것이다. 마찬가지로 위대한 원형이 되시는 그리스도께서도 한 알의 밀알로서 땅에 떨어져 죽으셔야만 했다. 만일 그렇지 아니하면 한 알 그대로 있게 될 것이었다. 자신의 영혼이 죄를 위한 속건제물로 드려지심으로 "그는 (그의) 씨를 보게 될 것"(사 53:10)이라는 말씀이 응하게 되었다. 한 알의 씨앗으로서 인간을 모든 소망으로부터 단절시키는 죽음은 그리스도께서 자신의 씨를 안전하게 보존하는 가장 적합한 방법이었다. 이제 그리스도의 씨인 신자는 그리스도와 같고, "무릇 하늘에 속한 자들은 저 하늘에 속한 이와 같[은]" 것처럼 그리스도의 친족이다. 그러므로 그리스도의 신부는 그들을 위한 거룩한 역사로 말미암아 그 근원이 같고, 그들 속에서 일어난 거룩한 역사로 말미암아 그리스도를 믿는 믿음이 생성되었기에 그리스도와 친족의 관계에 있는 사람들로만 이루어진다. 따라서 지상에서 그리스도는 "내 어머니와 내 동생들은 곧 하나님

의 말씀을 듣고 행하는 이 사람들이라"(눅 8:21)는 말씀을 하실 수 있었다.

3) 아브라함은 종에게 이삭을 메소포타미아로 데려가지 말라고 두 번이나 엄숙하게 경고한다(6절, 8절). 이 장에서 이삭은 하늘에 계신 그리스도를 상징하고 있다. 왜냐하면 창세기 22장에서 제물로 드려진 후에 창세기 24장의 끝부분에 이르기까지 그의 이름은 한번도 언급되고 있지 않기 때문이다. 이삭이 메소포타미아와 아무런 연관을 맺지 않은 것처럼, 그리스도는 하늘 높은 곳에 계시고 또 성령님은 이 땅에서 천상의 그리스도를 위해 신부를 불러내는 일을 하는 동안, 그리스도 또한 마찬가지로 세상과는 아무런 연관을 맺지 않으시는 것을 알 수 있다. 아! 하지만 오늘날 기독교계가 그리스도를 추방시켜버린 세상과 그리스도를 연합시키고자 하는 엄청난 수고를 함으로써 참된 기독교의 본질을 잃어버린 것은 너무도 슬픈 일이다.

그리스도께서 이 세상의 건축자들에게 버린바 된 돌이란 사실을 무시한 채, 그들은 그리스도를 모퉁이 돌로 삼아 이를테면, 너무나 세속적이고 종교적인 시스템과 하나로 만들고자 애쓰고 있다. 그리곤 그리스도의 이름을 그들의 종교 건물과 그들의 개혁 계획과 자신들의 자선사업과 정부 체제에 붙인다. 다시 말해서 엄청난 수고로 그리스도를 세상으로 끌어내리고 또 구원받지 않고 회심한 일도 없는 사람들에게 그리스도의 이름을 붙임으로써 자신들이 사는 세상을 더 밝고 더 나은 곳으로 만들고자 애쓸 뿐만 아니라 인간을 개혁하고자 하는 소망으로 부풀어 있는 것이다. 세상에서 거절당하시고 십자가에 못 박히신 그리스도의 이름을 붙임으로써 존경 받을 만한 것으로 겉치장하여 그 사악함을 숨기려 하는 세상의 시도보다 더한 사탄 특유의 기발함은 없을 것이다.

신약성경의 교훈과 구약성경의 모형을 통해서 잘 가르침을 받은 성도들은 성령님이 지금 이 세상에서 일하고 계시며, 그리스도를 세상으로 모셔 오기 보다는 신부를 세상에서 빼내어 그리스도에게로 데리고 가는 것임을 알고 있다. 그래서 성경은 "하나님이 자기 이름을 위할 백성을 취하시려고 우선적으로 이방인들에게 역사하셨다"(행 15:14, 다비역)고 말한다.

4) 마지막으로 아브라함은 "하늘의 하나님 여호와께서 … 그 사자를 너보다 앞서 보내실지라"(7절)고 말한다. 천사는 하나님의 섭리를 따라 종의 길을 보호해줄 것이고, 종은 직접적으로 신부와 상대하여 "내 아들을 위하여 아내를 택하라"는 사명을 완수할 것이다. **종과 천사 모두 이삭을 위한 신부를 얻는 일에 관여했다.** 장차 올 그날에 큰 무리의 천사들은 세상의

심판을 집행할 것이다. 하지만 지금 천사들은 "구원 받을 상속자들을 위하여 섬기라고 보내심"을 받았다. 사실 이 그림에 나타난 것처럼, 천사들이 하나님의 섭리를 따라서 하는 일과 성령의 인격적인 사역의 일 사이에는 차이점이 있다. 사도행전 8장에 보면 주의 천사가 빌립이 가사로 내려가는 길에서 그를 인도했지만, 반면 성령님은 이디오피아 내시와 인격적으로 상대하면서 그를 인도하신 것을 볼 수 있다(행 8:26,29).

그렇다면 분명 아브라함이 종에게 지시한 것을 통해서 우리는 이 땅에서 역사하시는 성령님의 위대한 임무를 보게 된다. 성령님은 그리스도인을 사업에서 번성케 해주시고, 이 세상에서 부자가 되게 해주시고 또는 세상이 우리를 위해 더 안락한 곳이 되게 하는 일을 위해 이곳에 계시는 것이 아니다. 성령님은 우리의 골칫거리들을 제거해주시거나 피조물들의 신음소리를 잠재우는 일을 하고자 이 세상에 계시는 것이 아니다. 성령님은 사막을 기쁨의 동산으로 변화시켜 장미꽃이 피게 하는 일을 하지 않으신다. 성령님은 고통과 죽음, 슬픔과 눈물을 없애기 위해 이곳에 계신 것이 아니다. 이 모든 일은 장차 그리스도께서 오시는 그날에 그리스도께서 이루실 것이다. 게다가 누군가 생각하듯 온 세상을 회심시키는 일을 하지도 않으신다. 성령님은 이 세상에서 오로지 그리스도의 마음에 기쁨과 만족을 드리기 위해서 그리스도에게 합당한 사람들에게 빛을 비추는 일을 하신다.

우리는 종의 행로를 따라 전개되는 내용들이 이러한 교훈들과 일치를 이루고 있는 것을 볼 수 있다. 특히 종은 메소보타미아에 만연해 있던 문화와 상태에 의해서 아무런 영향을 받지 않았다. 그는 그들의 종교를 바꾸거나 그들의 사회 상황을 개선시키거나 그들의 정부가 하는 일에 간섭하지 않았다. 그가 힘쓴 오직 하나의 임무는 이삭을 위한 신부를 얻는 일이었다. 일단 하나님의 백성들이 현 시대를 향한 하나님의 위대한 목적을 깨닫고 또 이 세상에서의 성령님의 특별한 임무를 깨닫기만 한다면, 그들은 얼마나 많은 실망에서 벗어날 수 있을 것인가!

신자들은 종종 자기 자신에 대해서 실망한다. 주님을 위해 뭔가 위대한 일을 하고 싶은 소원으로 불타지만, 그들은 자신들이 그저 어느 한 구석에서 조용히 일을 하도록 정해졌다는 것을 알고는 무척 실망하게 된다. 뿐만 아니라 신앙생활을 함께 하는 지역교회 성도들에게 실망하기도 한다. 그들은 하나님께서 엄청난 숫자의 사람들을 회심시켜주시고 또 자신들의 연약함과 실패 때문에 낙심하기 보다는 자신들의 작은 교회가 주님의 공적인 인정을 받아 축복의 중심으로서 두각을 나타내기를 바란다. 하지만 일반적으로 우리는 하나님의 백성들 때문에 실망하게 된다. 우리는 어쩌면 흩어진 하나님의 사람들이 사랑과 하나됨으로 함께 연합하는 것을 비전으로 삼아왔지만, 오히려 우리는 불화하고 분열하는 것을 보면서 더욱 실망의 늪에 빠질 수가 있다.

하나님의 사람들은 선교지에 거는 희망 때문에 기뻐하기도 한다. 세계 각 곳에 수천수만의 선교사들이 사역하고 있기에 우리는 이교와 불교, 이슬람교의 요새들이 기독교의 빛을 통해서 무너지기를 소원한다. 하지만 여전히 이 모든 거짓된 종교체계가 굳건히 서있는 것을 보고는 실망을 감추지 못한다.

어떤 이들은 19세기 이후에는 기독교의 빛을 통해서 세상은 도덕적으로 더 나은 곳이 될 것이라고 생각하면서 잔뜩 기대를 했다. 하지만 그렇게 되기는커녕 사회는 더 부패하고, 불법이 난무하며 사회의 모든 방면이 불안해지는 것을 바라보고는 또한 실망한다.

하지만 만일 우리가 우리 자신의 생각을 버리고 하나님의 생각을 품게 된다면, 우리는 더 이상 실망하지 않을 수 있다. 우리의 생각은 매우 제한적이고, 미래를 내다보는 우리의 전망도 한계가 있다. 우리는 그저 현재의 순간을 보고 눈에 보이는 것만 가지고 생각하기 쉽다. 하지만 이제 "길고 어두운 밤을 지나 밝아오는 새 날"을 바라보도록 하자. 이제 배후에서 일하시는 하나님이 드러내시는 최종적인 결말을 주목해보자. 즉 이 세상의 파멸과 몰락의 끝자락에서 하나님이 그리스도의 사랑을 받기에 합당한 신부를 인도하여 내실 그 때를 바라보는 것이다. 하나님의 성령께서 어린양의 혼인 잔치가 열리는 날, 가장 크고 위대한 그 날을 바라보게 하심으로써 신자들의 마음 속에 신부의 정서를 형성하는 일을 지금 하고 계신다는 생각을 해보라! 이 얼마나 경이로운 일인가!

이러한 이유로 아버지께서 성령을 보내주셨다. 이러한 최종적인 결말을 위해서 성령님은 지금 이 땅 가운데서 일하신다. 이러한 이유로 그리스도께서는 하늘에서 기다리고 계신다. 그렇다면 아버지와 아들과 성령님이 이처럼 위대한 역사에 실패하실 수 있을까? 삼위일체 하나님도 실망하실 것인가? 불가능한 일이다! 하나님의 모든 목적은 반드시 영광스러운 성취로 끝을 맺을 것이다. 따라서 만일 우리가 하나님과 더불어 하나님의 생각을 가지고, 하나님의 위대한 목적인 어린양의 혼인에만 우리의 시선을 고정한다면, 결코 실망하는 일은 없을 것이다.

2. 두 번째 부분

이 장의 두 번째 부분을 살펴보면(10-61절), 종이 자신의 임무를 수행하는 모습에서 깊은 교훈을 얻을 수 있다. 그가 메소보타미아로 올 때 자신의 임무를 위해서 잘 준비된 상태에서 온 것을 볼 수 있다. "그의 주인의 모든 좋은 것을 가지고 떠나"(10절)라는 구절은 성령님께서 우리에게 "모든 것"을 가르치시고, 우리를 "모든 진리" 가운데로 인도하시며(요 16:13), 우리에게 "아버지께 있는 모든 것을" 알리시는 일을 하러 오신(요 16:15) 사실을 생각나게 한다.

메소보타미아에 도착한 종은 하나님을 의지하며 기도를 통해서 자신의 임무를 수행한다. 그의 기도는 그가 얼마나 한 가지 목적에 집중해 있었는지를 보여준다. 그는 그 자신을 위해서는 기도하지 않았다. 비록 그가 "성 중 사람의 딸들"을 언급하긴 했지만 그들을 위해서 기도하지도 않았다. 그는 자신이 이삭을 위해서 예비된 오직 한 사람에게 인도되기를 기도했다. 여기서 우리가 주목해야 할 것은, 이 종이 성 중 사람의 딸들 가운데 신부를 "선택"하고 또 그녀를 이삭에게 "합당"하도록 만드는 일을 위해서 그곳에 간 것이 아니라는 점이다. 그는 이삭을 위해서 "준비된 한 사람"을 찾으러 간 것이다. 그녀가 예비된 대상이라는 표시는 은혜에 의해서 성품이 형성된 사람이라는 것을 통해서 드러날 것이었다. 이것이 바로 기도가 가진 힘이었다.

"너는 물동이를 기울여 나로 마시게 하라 하리니 그의 대답이 마시라 내가 당신의 낙타에게도 마시게 하리라 하면 그는 주께서 주의 종 이삭을 위하여 정하신 자라 이로 말미암아 주께서 내 주인에게 은혜 베푸심을 내가 알겠나이다."(14절)

그는 한 소녀에게 그녀의 물동이의 물을 달라고 요구할 것이며, 만일 그녀가 그의 요구를 들어줄 뿐만 아니라 그가 요구한 것보다 더한 것을 자원해서 행할 때, 그것이 바로 그녀가 하나님의 은혜에 의해서 성품이 형성된 사람이라는 표시였다. 또한 그 속에 하나님의 역사가 있어야 했고, 또한 이삭의 친족이어야 했다. 이처럼 은혜는 우리의 구하는 것을 넘어서 나아간다(마 5:38-42).

그리고 정말 그렇게 되었다. 리브가는 이삭의 일가친척인 것으로 밝혀졌다. 예비된 신부를 찾은 종은 즉시 금 귀걸이와 팔찌로 그녀를 단장시킴으로써 다른 사람과 그녀를 구별시켰다. 그녀의 손목과 얼굴이 은혜의 사역을 증거하게 되었다(22절).

3. 세 번째 부분

이 일은 다만 종의 사역의 시작일 뿐이었다. 아직 이삭에 관해서는 한 마디도 언급하지 않았다. 앞으로 종이 해야 하는 많은 일들이 실은 이러한 환대로부터 시작될 참이었다. 종이 환영을 받는다면 그는 이삭에 대한 말을 꺼낼 수 있을 것이었기에, 종은 리브가에게 강요하지 않는 듯한 태도로, "네 아버지의 집에 우리가 유숙할 곳이 있느냐?"(23절)고 물었다.

참으로 놀랍게도 리브가의 대답은 종의 요구보다 넘치는 후한 환대였다. 그는 오로지 "유숙할 곳"만을 요구했을 뿐이었다. 리브가는 유숙할 곳 뿐만 아니라 먹을 양식까지 공급하겠다고 말한 것이다(25절). 라반 역시 종에게 "여호와께 복을 받은 자여 들어오소서 어찌 밖에 서 있나이까?"라고 했다. 그리고 나서 우리는 "그 사람이 그 집으로 들어가매"라는 구절을 읽게 된다.

이 이야기를 통해 우리는 그리스도를 아는 지식에 있어 진보하는 비밀과 어째서 종종 그리스도를 향한 마음이 냉랭해지는지 그 이유를 알 수 있지 않은가? 우리는 그리스도의 사랑으로 우리 마음 가운데 강력하게 역사하실 수 있는 유일한 분을 방해하고 슬프게 한다. 신성한 위격을 가지신 보혜사께서 아버지로부터, 그리스도로부터, 하늘로부터 오셨다. 과연 당신은 그분을 환대하고 있는가? 과연 당신 속에 그분이 유숙할 "공간"이 있는가?

"유숙할 곳이 있는가?"

이것은 우리 자신에게 물어야 할 매우 중요한 질문이다. 과연 당신은 성령님께서 유숙할 곳을 마련해 놓았는가? 육체와 성령은 "서로 대적"하게 되어있다(갈 5:17). 우리가 육신의 요구에 응하면서 성령을 기쁘시게 할 수 없다. 육신의 일을 생각하면서 성령님을 모실 공간을 확보한다는 것은 불가능한 일이다. 하나님의 깊고 영원한 것들로 우리를 이끄시는 성령님께 우리 마음의 방을 온전히 내어드리기 위해서 시간이 지나면 모두 사라질 육신의 요구를 거절하겠는가? 우리는 정욕을 채우기 위해 육신의 공간을 만들고 있는가 아니면 성령님을 위한 공간을 만들고 영의 양식을 쌓고 있는가? 아브라함의 종을 위한 "유숙할 곳"과 "양식"은 모두 브두엘의 집에서 준비했다. 그 결과 종은 이삭에 대해 말할 수 있었고, 리브가와 이삭을 이어주고 또 리브가를 이삭에게로 이끌 수 있었다.

집으로 들어가서(32절) 종이 처음으로 한 일은 이삭에 대해서 증거하는 것이었다. 이삭과 관련한 그 주인의 마음을 드러내고, 그렇게 하는 중 이삭의 것들을 꺼내어 리브가에게 보여 주었다. 그는 자기 주인이 가진 부에 대해 이야기했고, 이 모든 부가 그 아들 이삭에게 주어졌다는 사실도 이야기했다. "그 모든 소유를 그 아들에게 주었나이다."(36절) 우리가 잘 알듯이 하나님 아버지의 모든 것은 다 그리스도의 것이다. 그래서 주님은 "아버지께 있는 것은 다 내 것이라."(요 16:15)고 말씀하셨고, 성령에 관해서는 "그가 내 것을 가지고 너희에게 알리시리라"(요 16:15)고 덧붙이셨다.

이삭에 대해 증거하는 종의 말이 리브가에게 어떻게 받아들여졌을지 생각해 보았는가? 리브가는 이삭에 대한 이야기를 다만 지식적으로만 받아들임으로써 지식을 축적한 것으로 끝났을까? 그렇지 않다. 확실한 결론은, 그것은 지적인 동의 이상의 것이었다는 사실이다. 그 보다는 더 깊고 더 내적인 것이었다. 바로 이삭에 대한 사랑의 불꽃을 일으킨 것이었다. 사랑이 일어난 것을 확인한 종은 가져온 은금 패물과 의복을 리브가에게 주었다. 그는 이삭에게서 가져온 아름다운 물건들로 그녀를 꾸미고 단장시켜 주었다. 바로 이것이 성령님께서 우리에게 하시는 일이다. 성령님은 그리스도에 대한 아버지의 생각을 우리에게 숨기지 않고 알려주신다. 성령님은 그리스도의 것들을 우리에게 가져와 그것들을 보여주신다. 이렇게 성령님은 그리스도를 향한 사랑을 불러일으키시며, 그리고 나서 그리스도의 아름다운 것들로 우리를 단장시켜 주신다. 성령님은 우리를 (은으로 만든 패물이 상징하는) 구속(救贖)하시는 사랑과 (금으로 만든 패물이 상징하는) 거룩한 의(義)로 단장시켜 주신다. 뿐만 아니라 (의복이 상징하는) 실제적 성화(聖化)로 옷 입혀 주신다.

4. 성령의 또 다른 역사

이어지는 장면에서 성령님의 또 다른 역사를 볼 수 있다. 종은 이삭의 친족이 되는 신부를 찾았다. 그는 귀걸이와 팔찌로 그녀를 다른 이들로부터 구별시켰다. 그리고 이삭에 대한 사랑의 정서를 불러일으켰다. 그는 이삭의 아름다운 것들로 그녀를 단장시켰고 이제 그는 그녀를 이삭에게로 데리고 간다(54-60절).

종은 "나를 보내어 내 주인에게로 돌아가게 하소서"라고 말했다. 그는 신부를 찾기 위해 메소보타미아로 왔고, 그 목적을 성취하자 돌아가겠다고 말하고 있는 것이다. 그는 메소보타미아에 머물기 위해 온 것이 아니었다. 그의 마음에는 신부를 찾은 다음엔 그곳을 떠나 주인에게로 돌아가고자 하는 마음뿐이었다. 그의 임무는 신부를 찾아 그의 옛집에 정착시키는 것이 아니라 신부를 찾아 그녀를 새로운 집으로 인도하는 것이었다. 여기에서 볼 수 있는 매우 축복된 사실은 종이 리브가 속에도 이러한 마음을 갖도록 한 것이다. 그는 속히 떠나 이삭에게로 돌아가길 원했고, 리브가의 마음 속에도 동일한 소망을 불러일으켰다. 그는 돌아가기를 원했고, 그녀는 기꺼이 가고자 하는 마음이 생겨났다. 가족들은 종이 그의 주인에게로 돌아가고자 하는 것은 이해했지만, 딸은 그들과 함께 열흘 정도 만이라도 함께 거하길 원했다. 그래서 그녀를 불러 물었지만 결국 종의 사역이 온전히 성취되었고 또 종의 마음과 그녀의 마음이 온전한 일치를 이루고 있는지를 드러낼 뿐이었다. 다만 종이 가고자 하면 그녀는 언제든 갈 준비가 되었던 것이다.

만일 우리가 성령님을 방해하지 않고 그가 하시고자 하는 대로 따른다면, 그는 하나님의 뜻에 일치하도록 우리 마음을 빚으실 것이다. 그렇다면 우리는 성령님께서 그리스도를 생각하시는 것과 같이 생각하게 될 것이며, 그리스도께서 계신 곳과 일치하지 않는 것들을 우리 마음에서 떠나보낼 것이며, 그리스도께서 계신 곳에 일치하는 것들을 우리 마음에 가득하게 할 것이다.

리브가는 가난하기 그지없는 고아가 아니었다. 그녀는 부모님이 모두 계셨고, 자신이 태어난 땅, 메소보타미아에는 엄청난 부와 재물이 많이 있었다. 이 모든 복들을 누리고자 했다면 그녀는 자기 고향을 떠나 광야 여정으로 들어갈 이유가 없었다. 이 모든 이유에도 불구하고 모든 것을 버렸다. 리브가는 자기 고향 사람들과 아버지의 집을 잊고, 한번도 본 일이 없는 한 사람을 만나기 위해 광야 여정을 떠난 것이다. 이것이 바로 믿음과 사랑으로 일깨움을 받은 사람의 영혼을 진동시킨 강력한 힘이 맺는 결론이다.

마찬가지로 성령님은 우리의 마음을 그리스도의 강권하시는 사랑의 영향력 아래 두고자 오셨다. 성령님은 그리스도의 것들을 가지고 오셨고, 그것들을 우리에게 보여주시는 일을 하신다. 성령님은 우리를 하나님의 깊은 것 즉 "눈으로 보지 못하고, 귀로 듣지 못하고, 사람의 마음으로도 생각지 못[하는]" 것들로 이끄시는 일을 하신다. 성령님은 우리 속사람을 강건하게 하심으로써 "믿음으로 말미암아 그리스도께서 너희 마음에 계시게 하시옵고 너희가 사랑 가운데서 뿌리가 박히고 터가 굳어져서 능히 모든 성도와 함께 지식에 넘치는 그리스도의 사랑을 알고 그 너비와 길이와 높이와 깊이가 어떠함을 깨닫게"(엡 3:16-19) 하는 일을 하신다.

이 모든 일이 성령님이 하시는 능하신 일이며 또한 언제든지 하실 준비가 되어 있는 일이다. 그럴진대 어찌 우리가 그리스도를 향한 사랑을 등한히 하며 또 그리스도의 것들에 대한 관심이 없을 수 있단 말인가? 그것을 우리가 방해하고 있는 것은 아닐까? 따라서 종이 말한다. "나를 만류하지 마소서." 즉 "나를 방해하지 말라." 여기에 우리를 향한 강력한 메시지가 있다. 우리는 종종 성령님의 역사가 없이는 이러한 것들을 누릴 수 없고 또 성령님으로 하여금 일하게 하실 수도 없다고 말하곤 한다. 그것이 사실이긴 하지만, 더 슬픈 사실은 우리가 성령님의 역사를 방해할 수 있다는 것이다. 우리는 세상이 주는 것들, 정치와 종교, 세상이 주는 쾌락에 목을 매고 또 더 나아가 나라와 친족과 아버지의 집과 관련된 일들, 물론 지극히 옳은 일에 몰두함으로써 성령님을 방해할 수 있다.

세상이 방해하든 그렇지 않든 중요한 것은 이 모든 일이 세상이 아니라 우리 자신에게 달려있다는 점이다. 리브가의 오라버니와 어머니가 그녀를 더 머물게 하고자 했다. 그들도 이 점을 인정했다. 그래서 그들은 "우리가 소녀를 불러 그에게 물으리라"고 말했다. 하지만 만일 리브가처럼 우리도 "가겠나이다"라고 대답한다면 성령님께서 우리 마음에 매우 강력하게 역사하실 것이고, 세상이 주는 모든 능력과 즐거움도 우리를 더 이상 붙들지 못할 것이다.

그리고 이렇게 되었다. "리브가가 일어나…그 사람을 따라가니[라.]"(61절) 리브가는 철저히 종의 인도함대로 따랐고, 그 결과 "그 종이 리브가를 데리고 가게(the servant took Rebekah, and went his way)"(61절) 되었다. 이제 가는 길은 그녀가 이끄는 길이 아니라 그 종이 이끄는 길이었다. 우리는 보통 성령님이 이끄시는 성령의 길을 따라갈 준비가 되어 있지 않다. 이 길은 육신의 의지적인 작용과는 완전히 다른 길이다. 더 나아가 우리는 성령님의 인도하심을 따르는 것은 무슨 "내적인 빛(또는 마음 속의 느낌)"을 따르는 것이 아니라는 것을 늘 기억해야 한다. 만일 성령님을 따라 행한다면, 우리는 말씀대로 행하게 될 것이다. 성령님은 말씀과 반대되거나 말씀과는 다르게 인도하시는 법이 없다.

종을 따라간 결과, 리브가는 자신이 광야의 한 복판에 있는 것을 보게 되었다. 그녀는 지금 라반의 집도, 이삭의 집도 아닌 곳, 광야 한 가운데 있게 되었다. 이것은 우리도 마찬가지이다. 누군가 이런 말을 했다. "우리가 머물 곳은 이 땅도 아니고, 우리가 가는 곳은 하늘나라도 아니다. 사실 우리는 신랑이신 예수 그리스도와 영원히 함께 하기 위해 이 길을 간다." 어쨌든 640km나 되는 광야 길에서 그녀가 여전히 밝은 소망 가운데 있을 수 있었던 것은 광야 여정 내내 이삭이 가진 것들을 보여준 종과 그 모든 것들에 대해서 나눈 대화와 교제 때문이었을 것이다. 그리고 그 여정 끝에는 그녀의 마음을 사로잡은 이가 그녀를 맞이하기 위해서 기다리고 있었다.

5. 이삭의 등장

이처럼 아름다운 이야기가 마쳐질 때쯤 이삭이 등장한다. 창세기 24장에서 일어난 모든 일들이 이삭과 연관이 있었지만 이 모든 광야의 여정 가운데 이삭은 전혀 등장하지 않았다. 이삭은 매우 중요한 의미를 담고 있는 단어인 "브엘라해로이", 즉 "(영원히) 사시고 감찰하시는 하나님의 샘"(창 16:14)이란 이름을 가진 샘이 있는 곳에서 왔다. 본향을 향해 가는 순례의 길에서, 그 길 끝에 자기 백성을 잊은 적이 없으신 분을 만날 수 있다는 것은 얼마나 기쁜 일인가! 하나님은 그렇게 사시고 감찰하시는 분이시다. 그 말은 곧 "그가 항상 살아서 저희를 위하여 간구하[시는]"(히 7:25) 분이라는 뜻이다.

이제 이삭이 리브가를 만나려고 나왔고, 리브가는 "들에서 배회하다가 우리에게로 마주 오는 자가 누구냐?"(65절)고 물었다. 우리 역시 실로 위대한 만남을 위해 여행을 하고 있다. 하지만 그분도 역시 우리를 만나기 위해 오신다는 사실을 잊지 말자. 이 장면은 자신의 신부를 원하고 기다리는 자로서의 이삭의 모습을 보여준다. 그리스도를 향한 우리의 마음은 종종 시들해지기도 하지만 자신의 신부를 향한 그리스도의 마음은 언제나 뜨겁다. 그리스도는 "내가 가서…다시 와서 너희를 내게로 영접"할 것이라고 말씀하셨다.

그 만남의 시간이 멀지 않았다. 마침내 리브가가 눈을 들어 이삭을 바라보고는 낙타에서 내렸다. 여정이 끝났기 때문이다. 우리 또한 우리 신랑을 얼굴과 얼굴로 보게 될 때, 우리의 여정 또한 끝이 날 것이다. 그 날이 머지않았다. 밤은 깊고 곧 아침이 올 것이다. 그 순간이 되면 우리는 바로 휴거될 것이다. 다만 눈 깜짝할 사이에 그리스도와 함께 있게 될 것이다.

이삭을 본 후 리브가는 너울을 가지고 자기의 얼굴을 가렸다. 신부가 예비되었고, 곧 혼인 예식이 이루어졌다. "이삭이 리브가를 인도하여...아내로 삼고 사랑하였으니"(67절) 마찬가지로 우리의 광야 여정도 끝나고 위대한 만남이 이루어지면, 우리는 처음으로 그리스도를 얼굴과 얼굴을 맞대고 뵙게 될 것이고, 그분은 우리를 자기에게로 영접할 것이다. 그리고 나서 우리는 "어린 양의 혼인 기약이 이르렀고 그의 아내가 자신을 준비하였으므로"(계 19:7)라고 기록된 대로 혼인예식을 갖게 될 것이다. 교회는 점도 흠도 없는 거룩하고 온전히 영광스러운 모습으로 그리스도 앞에 나타나게 될 것이다. 그렇다면 이것은 진실로 그리스도께서 자신의 사랑의 대상이 되기에 합당하며, 자신의 사랑에 반응하는 존재를 찾으셨을 뿐만 아니라 자신도 아주 만족하고 있다는 사실을 나타낸다. 그리스도는 자신의 신부를 바라보며 "만족하노라"고 말씀하실 것이다. 이것은 "그가 자기 영혼의 수고한 것을 보고 만족하게 여길 것이라"(사 53:11)는 구절이 성취되었기 때문이다.

  이러한 영광스러운 미래가 우리 앞에 펼쳐질 때, 세상이 주는 모든 영광은 희미해질 것이며, 세상이 펼치는 가장 아름다운 장면마저도 따분해질 것이며, 세상이 주는 부귀공명도 가련해 보일 것이다. 이처럼 곧 실현될 영광의 빛을 통해서 볼 때, 사라져버릴 세상의 쾌락은 얼마나 허무한 것이며, 세상이 주는 명예는 얼마나 공허한 것인가!

H.S

저자소개

해밀턴 스미스
(Hamilton Smith, 1862-1943)

해밀턴 스미스는 많은 사람들에게 사랑을 받는 강해 설교자였다. 그는 성경의 많은 부분들을 강해했지만, 그 가운데서도 아브라함, 엘리야, 엘리사, 요셉과 룻에 대한 인물 강해설교가 탁월했다. 그의 글은 간결했지만 풍성한 영적 보고를 담고 있다. 그의 설교 특징은 대조와 비교를 통해 짧고도 심오한 메시지를 전달하는 것이었다.

특히 아가서 강해는 자신의 전 생애 동안 섬긴 주님을 향한 영적 추구와 갈망이 잘 나타난 고전 중의 고전이다. 그는 1939년 8월까지 'Notes of Interest on the Lord´s work'의 편집인이었으며, 'Scripture Truth'와 'An Outline of Sound Words' 등의 잡지에 신령한 글들을 기고했다.

부록1

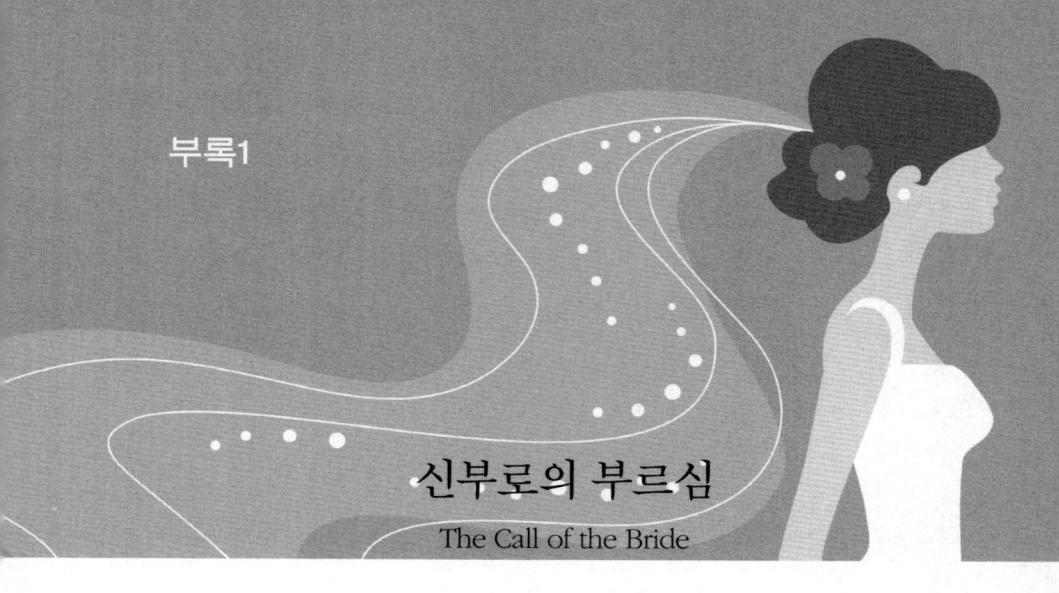

신부로의 부르심
The Call of the Bride

by 윌리암 켈리

우리는 모든 것이 의심스러운 시대에 살고 있다. 적어도 하나님에 관한 모든 것이 그렇다. 창세기 24장을 읽어보라. 창세기 24장은 우리의 교훈을 위해서 그 장을 기록하신 하나님의 선하심과 예지력으로 충만한 지혜로 가득할 뿐만 아니라 그 사실에 대한 단순하면서도 명쾌한 신적인 증거가 담겨 있다. 안타깝게도 그 장은 특별한 공격의 대상이 되어 왔고, 단순히 아브라함의 가정사 정도로만 이해되어 왔다. 하지만 이제라도 하나님의 말씀에 담긴 신성한 진리를 독자들에게 제시할 수 있게 되어 기쁜 마음을 가눌 길이 없다.

여기서 직접적으로 하나님의 교회에 대한 모형이나 계시를 찾는 것은 합당하지 않다. 여기 창세기 24장엔 유대인과 이방인이 한 몸으로 연합을 이루고 있는 것에 대한 암시는 조금도 없다. 그럼에도 모형을 통해서 숨겨진 교회의 비밀이 계시될 때에는, 성경을 존중하는 사람들은, 비록 그 시대에 교회의 비밀이 아직 드러나지 않았지만 하나님이 어떻게 교회의 자리와 모형을 준비하셨는지를 볼 수 있을 것이다. 그렇다면 창세기 24장은 우리와 동떨어진 이야기가 아니라, 장차 나타날 것을 선명하게 예시하려는 목적에서 잘 고안된 진리라는 결론을 내릴 수 있다. 만일 그렇다면, 이 얼마나 놀라운 증거인가! 여기서 우리는 성경 영감(靈感)의 절대성을 보게 된다. 어떤 사람들은 성경이 하나님의 말씀을 포함하고 있긴 하지만, 그 자체로는 하나님의 말씀이 아니라고 생각한다. 그렇다면 성경의 어느 책을 선택해서 기도하는 마음으로 읽어보라. 그리하면 모든 말씀을 통해서 '당신에게 직접 말씀하시는 하나님'을 경험하게 될 것이다.

나는 독자들이 창세기 22장부터 읽어볼 것을 권하고 싶다. 아무 의미 없이 그렇게 하라는 것이 아니다. 창세기 22장은 이렇게 시작한다. "그 일 후에 하나님이 아브라함을 시험하시려고 그를 부르시되"(1절) 이것은 진리의 거룩한 그림을 그리기 위한 일종의 준비를 의미한다. 하나님은 아버지 아브라함에게 그 아들을, "네 아들 네 사랑하는 독자"를 요구하셨다. 이것은 전례가 없었던 시험이었다. "네 아들 네 사랑하는 독자 이삭을 데리고 모리아 땅으로 가서 내가 네게 지시하는 한 산 거기서 그를 번제로 드리라."(2절) 죽음의 선고를 받은 아들 이삭은 제 3일이 올 때까지 아무 것도 모른 채 있었다. 하나님께 항복한 사람, 아브라함은 손을 내밀어 칼을 잡고 아들을 죽이는 일을 마무리해야 했다. 하지만 아브라함의 손은 제지를 당했고, 수풀에 뿔이 걸린 한 숫양을 보게 되었다. 이렇게 대신할 번제물을 구할 수 있었고, 이는 하나님께서 자기를 위하여 친히 번제할 어린 양을 준비하신 것이었다. 이와 같은 진리의 높음과 깊음에 필적할 만한 다른 모형은 없다. 바로 하나님의 아들께서 하나님이 친히 준비하신 하나님의 어린양이셨다.

아마도 우리가 여기서 살펴본, 하나님의 아들을 번제로 드린 모형에 대해서 들어본 일이 없는 하나님의 자녀는 없을 것이다. 성경의 가치를 알고 또 구약성경의 모형과 신약성경의 실체를 연결시키는 법을 배운 모든 신자들은 분명 이 이야기를 잘 알고 있을 것이다. 하지만 이것이 전부가 아니다. 성령님은 자신의 손과 마음을 나타내는 서명을 통해서 이 사실을 확증하신다. 전체 이야기는 매우 중요한 교훈을 담고 있다. 하지만 대부분의 사람들은 성경이 말하고자 하는 진리에 미치지 못하는 정도에서 만족하려는 경향이 있다. 그들은 물론 하나님이 준비하신 희생물을 통해서 나타난 하나님의 사랑을 본다. 그들은 우리의 죄들을 위해서 대속물로 죽으신 하나님의 아들을 상징하는 숫양을 본다. 그리곤 거기서 멈춘다. 하지만 신약성경은 거기서 멈추지 않는다. 히브리서 11장을 보면, 사도 바울은 우리에게 한 단계 더 나아가도록 교훈하면서 이렇게 말한다. "아브라함은 시험을 받을 때에 믿음으로 이삭을 드렸으니 저는 약속을 받은 자로되 그 독생자를 드렸느니라 저에게 이미 말씀하시기를 네 자손이라 칭할 자는 이삭으로 말미암으리라 하셨으니 저가 하나님이 능히 죽은 자 가운데서 다시 살리실 줄로 생각한지라 비유컨대 죽은 자 가운데서 도로 받은 것이니라."(히 11:17-19) 다시 말해서, 히브리서의 이 구절은 우리가 그림자로 살펴본 창세기 22장의 실체로서, 단순히 그리스도의 죽음으로 끝나는 것이 아니라 그리스도의 부활로 끝나고 있다. 부활의 측면을 보는 것이 더 중요하다.

신약성경에는 이 장면을 암시하는 또 다른 구절이 있는데, 우리는 세 번째 장소로 옮겨가야 한다. 사도 바울은 갈라디아서 3장에서 이 문제를 다루고 있다. 바울은 거기서 여러 자손들과 대비해서 오직 하나의 자손을 크게 강조하고 있다. 그들은 바울의 진술에 대해서 의심하지는 않았을지라도, 그럼에도 그들은 여전히 그 진정한 의미를 이해하지 못하고 있었던듯하다. 그들은 "그 씨(that seed)"라는 표현을 통해서 이는 여럿을 가리키는 것이 아니라 오직 한 사람을 가리키는 것으로 알았다. 하지만 그들은 그 구절의 내뿜고 있는 힘의 영향력을 벗어나고 있었다. 바울은 옳았고, 그들은 확신을 가져야 했다. 그런데 어째서 바울이 의도했던 바에 대해서 그들은 몰랐던 것일까? 사람들이 보통 문제를 일으킬 때에는, 말씀을 넘어가거나 아니면 감히 말씀을 판단하는 일을 한다. 사실 그들은 자신의 연약함을 깨닫고 하나님을 바라볼 뿐만 아니라 하나님의 은혜의 말씀을 의지했다면 더 좋았을 것이다.

여기서 중요한 요소는 이렇다. 여호와의 천사가 하늘로서 아브라함을 불렀고, 이삭은 칼로 죽임을 당하는 것을 모면할 수 있었으며, 아브라함은 숫양을 받았다. 여호와의 천사가 두 번째 불렀을 때, "내가 나를 가리켜 맹세하노니 네가 이같이 행하여 네 아들 네 독자를 아끼지 아니하였은즉 내가 네게 큰 복을 주고 네 씨로 크게 성하여 하늘의 별과 같고 바닷가의 모래와 같게 하리니 네 씨가 그 대적의 문을 얻으리라."(16-17절)고 말했다. 이 일은 성급한 독자들을 상당히 당혹시키는 일이다. 분명 사도 바울은 얼마나 "하나의 자손"을 얼마나 강조했던가. 하지만 본문은 많은 자손들을 약속하고 있는 듯이 보인다. 더 읽어보자. "또 네 씨로 말미암아 천하 만민이 복을 얻으리니"(18절) 우리는 이 구절을 통해서 마침내 갈라디아서의 핵심 주제에 이르게 된다.

우리 앞에는 두 종류의 복이 있다. 여기에는 방법 뿐만 아니라 순서에 있어서 전혀 별개의 두 가지 복이 있다. 다수의 씨가 받는 복이 먼저 온다. 이 복은 그 자손에게 속한 사람들로 이루어진 유대인들이 받는 복이며, 그들은 자자손손 대적의 문을 소유하고 이길 것이다. 머지않아 하나님은 이 복을 그들에게 확실히 이루어주실 것이다. 하나님은 땅에 속한 백성들을 구원해주실 뿐만 아니라 그들에게 한량없는 복을 주실 것이며, 이스라엘을 제사장 나라로 삼아 세상을 통치하실 것이다. 하나님은 사탄이 망가뜨린 세상을 다시금 본래의 모습대로 회복시키실 것이다. 하나님의 목적은 파괴자의 손에서, 외견상 취하고 있는 그의 승리를 도로 찾아오는 것이다. 그리고 자기 백성들이 지극히 겸비하게 되었을 때, 하나님은 그들을 다시금 자신의 보배로운 백성으로 삼으실 기회를 얻게 될 것이다. 하나님은 그들을 높이실 것이고, 세상의 머리가 되어 복과 영광을 누리게 하실 것이다. 선지자들은 이러한 이스라엘의 장래에 대한 비전으로 충만했으며, 초기의 선지서들은 이러한 약속을 보장하고 있었다. 그리고 이 약속이 예표상 이삭의 희생과 맞물려 있었다.

더 자세히 살펴보아야 할 내용이 있다. 사도 바울은 단 하나의 자손을 강조했으며, 그 자손과 연결되어 있는 전혀 새로운 복을 제시했다. 이것이 갈라디아서가 크게 강조하고 있는 부분이다. 원수 사탄은 갈라디아 신자들을 유대인화 시키고자 애를 썼다. (물론 실제적으로 그렇게 할 순 없지만, 원리상 그렇게 하고자 했던 것이다.) 유대인처럼 될 때, 복을 확실히 붙잡을 수 있을 것처럼 생각하게 만들었고, 그 목적으로 할례를 받도록 부추겼다. 따라서 그들은 기독교에 속한 매우 보배로운 모든 진리를 포기할 위험에 처하게 되었다. 사도 바울은 이러한 위험을 막고자 그들이 들었던 복음을 기억해내도록 했다. 즉 (유대교로 돌아가는 것이 아니라) 그 하나의 자손과 연합을 이룰 때만이 이방인들은 약속된 복을 받을 수 있었고, 이것은 유대인들도 마찬가지였다. 그리고 바울은 바로 그 하나의 자손을 부활하신 그리스도로 소개했다. 따라서 "또 네 씨로 말미암아 (하늘의 별과 바닷가의 모래에 대한 언급이 없는 점을 주목하라) 땅의 모든 민족들이 복을 얻으리니"(창 22:18)라고 말했다. 이 구절은 유대인들이 그 대적의 문을 얻는 것에 대한 것이 아니라, 이방인들이 복을 받는 것에 대한 것이다. 전자는 다수의 자손과 연결되어 있고, 후자는 하나의 자손과 연결되어 있다. 다시 반복해서 말하지만, 이 구절은 갈라디아서 3장 16절, "이 약속들은 아브라함과 그 자손에게 말씀하신 것인데 여럿을 가리켜 그 자손들이라 하지 아니하시고 오직 한 사람을 가리켜 네 자손이라 하셨으니 곧 그리스도라"라는 구절이 말하고자 하는 핵심이다. 따라서 우리의 복은 이 세상에 메시아로 오신 그리스도와 연결되어 있지 않고, 십자가에 못 박히셨다가 그 후에 죽은 자 가운데서 다시 살아나신 그리스도와 연결되어 있다. 다시 말해서, 우리가 받은 복은 전혀 새로운 기반인, 그 유일한 자손이신 예수 그리스도의 죽음과 (죽음 너머에 있는) 부활을 통해서 주어진 하늘에 속한 신령한 복인 것이다. 따라서 우리는 죽음을 상징하고 있는 손으로 행한 할례에 의해서가 아니라, 죽었다가 다시 살아나신 그리스도를 믿는 믿음을 통해서 아브라함의 자손이 되는 것이다. 이것은 하나님 앞에서 육신에 속한 사람을 완전히 (십자가로) 제거하고, 부활하신 그리스도 안에서 한 새 사람을 지음으로써 된 일이다. 따라서 그리스도 안에는 유대인도 없고 이방인도 없다. 따라서 믿음은 이 모든 일이 하나님 앞에서 이루어진 것으로 받아들인다.

이와 관련해서 많은 사람들이 어렵게 생각하는 또 다른 내용이 있다. 아브라함의 아내 사라는 창세기 23장에서 죽음을 맞이했다. 흔히 기독교계에 퍼져있는 교리에 따르면, 사라는 앞으로 더 살아야 하고, 더 건강해야 한다. 내가 확신하는 바로는, 만일 사람들에게 그렇게 할 수 있는 능력이 주어진다면 사람들은 기꺼이 창세기의 이야기를 바꾸고자 할 것이다. 그러한 것이 오늘날 신학의 대세를 이루고 있다. 하지만 성경에 따르면 여기서 사라는 죽었다. 육체를 따른 옛 언약을 대표하고 있는 하갈이 아니라, 약속의 자손을 낳은 어머니가 죽은 것이다. 무슨 의미인가? 만일 창세기 22장이 분명 주님의 죽음과 부활을 상징하고 있을진대, 이스라엘 민족이 받게 될 복과는 전혀 다른 종류의 복으로 이방인들을 그리스도 안에서 복 주시려는 하나님의 목적은, 사라의 죽음과 무슨 관계가 있으며, 이 시점에서 사라의 죽음은 무슨 의미를 가지고 있는 것일까?

사도행전이 모든 것을 밝혀준다. 성령님을 선물로 받은 후 사도들이 주 예수님을 이스라엘에게 제시했을 때, 그들을 "이스라엘 사람들"(행 2:22)로 부르면서 만일 그들이 회개하고, 자신들이 십자가에 못 박아 죽였지만 하나님의 큰 능력으로 다시 살아나신 그리스도를 영접하기만 한다면, 하나님의 모든 약속들이 그들에게 이루어질 것이라는 하나님의 진리를 확신을 가지고 증거했다. 이것은 사도행전 3장에서 특별히 부각되었다. 베드로는 "아브라함과 이삭과 야곱의 하나님 곧 우리 조상의 하나님이 그 종 예수를 영화롭게 하셨느니라 너희가 저를 넘겨 주고 빌라도가 놓아 주기로 결안한 것을 너희가 그 앞에서 부인하였으니 너희가 거룩하고 의로운 자를 부인하고 도리어 살인한 사람을 놓아 주기를 구하여 생명의 주를 죽였도다 그러나 하나님이 죽은 자 가운데서 살리셨으니 우리가 이 일에 증인이로라."(행 3:13-15) 그리고 이어서 "하나님이 모든 선지자의 입을 의탁하사 자기의 그리스도의 해 받으실 일을 미리 알게 하신 것을 이와 같이 이루셨느니라 그러므로 너희가 회개하고 돌이켜 너희 죄 없이 함을 받으라 이같이 하면 유쾌하게 되는 날이 주 앞으로부터 이를 것이요 또 주께서 너희를 위하여 예정하신 그리스도 곧 예수를 보내시리니 하나님이 영원 전부터 거룩한 선지자의 입을 의탁하여 말씀하신 바 만유를 회복하실 때까지는 하늘이 마땅히 그를 받아 두리라."(행 3:18-21)고 증거했다.

여기 보면 자기 종을 통해서 이스라엘에게 약속한 모든 것들을 이루시는 하나님의 특별한 제안이 명확히 나타나 있다. 하지만 그들은 거절했다. 그 결과, 하나님이 제안하신 시간이 연기되었다. 사라는 죽었다. 더 이상 약속의 언약을 제시하는 것은 없다. 따라서 사도행전 3장은 이렇게 끝나고 있다. "너희는 선지자들의 자손이요 또 하나님이 너희 조상으로 더불어 세우신 언약의 자손이라 아브라함에게 이르시기를 땅 위의 모든 족속이 너의 씨를 인하여 복을 받으리라 하셨으니 하나님이 그 종을 세워 복 주시려고 너희에게 먼저 보내사 너희로 하여금 돌이켜 각각 그 악함을 버리게 하셨느니라."(25-26절) 이것은 일종의 제안이었다. 하지만 이 제안마저도 거부되었다. 그 결과, 우리는 더 이상 이런 식으로 주의 말씀이 제시되는 것을 볼 수 없게 되었고, 이후로는 지금까지 이스라엘이 서있던 그런 토대 위에서 말씀이 이스라엘에게 제안되는 일은 중단되었다. 약속의 자손의 어머니, 사라가 다시 부활하지 않을 것이란 말이 아니다. 분명 사라는 문자적으로 부활할 것이다. 인자가 다시 올 때에는 은혜의 언약이 다시 재개될 것이고, 이스라엘의 집도 회복되어 다시 서게 될 것이다.

사도행전은 이제 어떻게 전개되고 있는가? 아주 특별한 사도가 부르심을 받았고, 전혀 새로운 토대 위에서 사역을 시작하고 있다. 그렇지만 그러한 변화를 알아보는 사람은 드물다. 만세와 만대로부터 감추어 온 비밀이 새로운 사도를 통해서 드러나게 되었다. 다소의 사울이 특별한 증인으로 부르심을 받은 것이다. 약속의 자손의 어머니(사라)에 대해서, 혹은 하나님이 친히 아브라함의 후손들에게 보증하신 것을 성취하는 것에 대해서 증거하는 것은 사도 바울의 소명이 아니었다. 오히려 신부를 세상에서 불러내고, 모으고, 변화시키고 또 부활하신 신랑을 위해서 신부를 준비시키는 일이, 곧 바울의 소명이었다. 사도 바울은 그처럼 특별하고 대표적인 "교회의 사역자(일꾼)"가 되었다. 이렇게 구약성경과 신약성경이 서로 완전하게 일치를 이루고 있다.

이제 창세기 24장으로 돌아가 보자. 지금까지 말해온 모든 내용들을 매우 특별한 방식으로 확증해주는 새로운 장면이 펼쳐진다. 나는 여기에 하나님의 특별한 메시지가 담겨있는 것으로 보았기에, 이를 드러내는 일에 최선을 다할 것이다.

"아브라함이 나이가 많아 늙었고 여호와께서 그에게 범사에 복을 주셨더라 아브라함이 자기 집 모든 소유를 맡은 늙은 종에게 이르되 청하건대 내 허벅지 밑에 네 손을 넣으라 내가 너에게 하늘의 하나님, 땅의 하나님이신 여호와를 가리켜 맹세하게 하노니 너는 내가 거주하는 이 지방 가나안 족속의 딸 중에서 내 아들을 위하여 아내를 택하지 말고 내 고향 내 족속에게로 가서 내 아들 이삭을 위하여 아내를 택하라."(창 24:1-4)

성경을 잘 배운 사람이라면, 가나안 족속은 택함 받은 이스라엘 민족의 미래 원수들인 것을 알고 있을 것이다. 그들은 하나님의 부르심을 받은 사람들을 타락시키고 부패시키는 일을 하는 사탄의 도구들이다. 에베소서 6장에 따르면 그들은 우리의 대적이며, 이 어둠의 세상 주관자들이며, 하늘에 있는 악의 영들로서 우리가 싸워야 하는 대상들을 상징하고 있다. 따라서 하나님이 자기 아들과의 사귐 속으로 부르시는 대상은 마귀들이나 혹은 타락한 천사들이 아니다. 하나님의 주권적인 은혜가 그리스도를 위한 신부를 불러내는 것은 세상에서 이루어진다.

그리고 이 일은 아버지가 자기 집 모든 소유를 맡은 종에게 내리는 임무였다.

"내 고향 내 족속에게로 가서 내 아들 이삭을 위하여 아내를 택하라."(4절)

종은 어쩌면 두려움을 느꼈을 것이고, 적어도 이 일의 어려움을 토로했다.

"여자가 나를 따라 이 땅으로 오려고 하지 아니하거든 내가 주인의 아들을 주인이 나오신 땅으로 인도하여 돌아가리이까?"

그러자 아브라함은 이렇게 말했다.

"내 아들을 그리로 데리고 돌아가지 아니하도록 하라 하늘의 하나님 여호와께서 나를 내 아버지의 집과 내 고향 땅에서 떠나게 하시고 내게 말씀하시며 내게 맹세하여 이르시기를 이 땅을 네 씨에게 주리라 하셨으니 그가 그 사자를 너보다 앞서 보내실지라 네가 거기서 내 아들을 위하여 아내를 택할지니라 만일 여자가 너를 따라 오려고 하지 아니하면 나의 이 맹세가 너와 상관이 없나니 오직 내 아들을 데리고 그리로 가지 말지니라."(6-8절)

이 사실보다 이 장에서 더 강조되어야 할 요소는 없다. 이삭, 부활한 아들은 가나안 땅에 절대적으로 남아 있어야 했다. 그가 떠날 이유는 전혀 없었다.

이제 이삭과 다른 족장들을 비교해보자. 아브라함은 메소보타미아에서 부르심을 받았고, 아내를 데리고 그곳을 떠났다. 야곱이 가나안을 떠나, 멀리 떨어진 곳 동방 사람의 땅에 가서 레아와 라헬을 아내로 맞이했으며, 그 후에 다시 돌아왔다. 어쨌든 새로운 신부를 얻는 일이 메소보타미아에서 진행되는 동안, 이삭은 반드시 하늘을 상징하는 장소인 가나안에 머물러야만 했다. 적어도 거래가 진행되는 동안, 신랑은 가나안에만 거할 수 있다. 신부를 불러내는 일이 진행되는 동안, 아버지의 아들께서는 세상 일에 직접 관여하지 않을 뿐만 아니라 다만 하늘에 있는 하나님의 우편에 앉아 계셔야만 한다. 이러한 이삭에 대한 권고가 창세기에서 명령처럼 주어졌듯이, 이것은 신약성경의 교리에서도 그리스도에게 마찬가지로 적용되고 있다. 그리스도와 함께 복을 받는다는 것은 무한한 특권이다. 그리스도를 통해서 복을 받을 뿐만 아니라 그리스도와 함께 함으로써 복을 받는다. 단순히 그리스도와 함께 하는 정도가 아니라, 하늘에서 하나님의 존전에서 그리스도의 자리를 가리키는 그리스도 안에 있는 것이다. 이 모든 것이 그리스도께서 수치스럽게 거절당하신 세상에 살고 있는 우리가 받은 복이다. 우리의 복은, 지금 그리스도께서 하나님의 우편에 계시는 동안, 그리스도 안에 있는 자가 되는 것이다.

이제 하나님의 영께서 이 장에서 표현하고 싶어 하시는 것은 하늘에 속한 그리스도의 자리가 아니겠는가?

"여자가 나를 따라 이 땅으로 오려고 하지 아니하거든 내가 주인의 아들을 주인이 나오신 땅으로 인도하여 돌아가리이까 아브라함이 그에게 이르되 내 아들을 그리로 데리고 돌아가지 아니하도록 하라."(5-6절)

신부를 불러내는 동안, 그리스도께서는 지상과 직접적인 관계를 갖고 있지 않다. 그리스도는 다만 높은 곳에서 영광을 받으신 머리이시다. 이전에 그리스도는 세상에 오셨고, 땅에서 높이 들리어 십자가에 달리셨다. 이를 통해서 하나님의 강력한 구속의 역사가 아들을 통해서 성취될 수 있었다. 그렇게 아버지께서는 우리 모두를 위해서 자기 아들을 아끼지 않으셨다. 사람은 범죄했고, 죄는 반드시 심판을 받아야 했다. 이제 그리스도께서 신부와 관계하시는 것은 오로지 하늘에서만 이루어진다. 성령님은 바로 그 하늘에서 오신 분이시다. 성령님은 신부를 준비시켜 하늘에서 치러질 어린양의 혼인 잔치에 들어가게 하는 일을 하신다. 부활한 신랑이 하늘에 있는 동안, 신부는 여기 지상에서 불러냄을 받으며, 그리스도께서 오실 때에는 신부를 자기에게로 영접할 것이고, 하늘에서 함께 있게 하실 것이다.

이것은 여러 가지 중대한 문제를 해결한다. 특별히 그리스도인들이 이 문제에 대해 어려움을 겪고 있다. 왜냐하면 어떤 사람들은 이를 광신주의로 부르며, 그들은 이에 대해서 아무런 관심이 없다. 당신이 하늘의 머리이신 그리스도와 연합되는 것은 사탄이 정말 원치 않는 일이다. 왜냐하면 만일 당신의 영적 힘과 복이 그리스도와 당신이 맺고 있는 참 관계를 알고 또 당신과 그리스도와의 관계의 실제를 붙잡는데 달려 있기에, 사탄은 그리스도와 교회의 관계를 연결하고 있는 끈을 끊어버리는데 혼신의 힘을 다하고 있기 때문이다. 오늘날 성령의 적극적인 활동은 신자를, 개인과 교회를 모두 포함해서, 그리스도와의 생생하고도 현재적인 관계 속으로 넣어주고 또 유지시키는 것이다. 왜냐하면 하나님은 신자들에게서 거룩한 관계에 기초한 하늘에 속한 행실을 기대하시기 때문이다. 만일 당신이 그리스도 안에 있는 신자의 신분과 그리스도와의 인격적인 관계에 대해서 알지 못한다면, 거기에서 흘러나오는, 그래서 신자에게 합당한 행실을 어찌 행할 수 있단 말인가? 아내에게 속한 독특한 사랑의 정서와 친밀한 연합과 순종은 관계에서 자연스럽게 나오는 것이다. 이 모든 것은 관계와 불가분리적이다. 결혼한 사람이 다른 사람을 향해 가지는 애정과 연합과 순종은 가장 부적합한 일이 되고 엄청난 죄가 된다. 만일 아내가 남편을 향해 그렇게 행동하지 않는다면, 그녀는 전적으로 실패하게 될 것이다. 우리가 맺고 있는 관계가 우리가 감당해야 하는 의무와 책임의 근거이다.

이렇게 진행되고 있는 이야기를 보면서, 어쩌면 당신은 이것을 그저 아브라함의 가정사(家庭事)로 여길 뿐 여기서 아무런 영적인 교훈을 받지도 못하고, 게다가 어린양의 신부를 불러 내시는 성령의 음성도 듣지 못하고 그냥 지나칠 위험이 있다. 하지만 하나님의 영께서는 창세기 24장을 통해서 우리를 부르신 부르심의 특징이 무엇이며, 그리고 그리스도와 우리가 맺고 있는 관계가 무엇인지를 알리고자 예표와 모형을 사용하고 계신다. 이 두 가지는 우리 영혼에 매우 중요한 요소이다. 우리는 창세기를 통해서 하나님께서 이 두 가지 요소를 초기 시대부터 얼마나 우리 영혼에 중요한 것으로 설정하셨는지를 볼 수 있기 때문이다. 사실 우리는 신약성경을 통해서, 그것이 창세 전에 그리스도 안에서 계획된 것임을 알고 있다. 여기 창세기에서 우리는 그림자를 보고 있다. 나에게 중요해 보이는 것은, 이것은 한편으론 약속의 형태로 주어졌다는 점과 다른 한편으론, 무엇보다 하나님의 아들의 희생을 기초하고 있다는 점이다.

우리는 창세기 24장을 가득 채우고 있는 또 다른 특징들에 주목해야 한다. 다시 한 번 나는, 교회가 그리스도의 완성된 사역에 기초하고 있으며, 하나의 완성된 구속의 사실에 터 잡고 있다는 위대한 진리에 당신의 관심을 집중시키고 싶다. 이것은 그리스도의 죽음 뿐만 아니라 부활에도 우리 신앙의 근간을 두어야 한다는 것을 의미한다. 아들께서는 다시 살아나셨고, 전혀 새로운 자리에 들어가셨다. 이 자리에서 그리스도는 모형상 죽은 자 가운데서 다시 살아난 이삭과 하늘의 모형인 가나안에 절대적으로 머무는 이삭의 모습을 보여주고 있다. 아브라함의 이전 역사나 야곱, 요셉, 그리고 기타 여러 인물들을 생각해볼 때, 이삭에게만 엄숙히 제한(制限)되었던 내용은 참으로 놀랍기만 하다. 우리는 아버지에게서 아들로 이어지는 가족사에서 비슷한 일이 반복되는 경향성을 볼 수 있다. 이러한 경향성을 생각해보면, 이삭이 가나안에 머물렀던 일은 더욱 충격적인 사실로 다가온다. 우리는 이 모든 일들의 완전한 의미가 하늘의 머리이시며 우리의 신랑이신 그리스도 안에서 통합되는 것을 보면서, 더욱 경이로움을 느낀다! 이삭은 이렇듯 자신에게만 주어진 모형에 속한 자리를 가지고 있다. 이삭은 처음부터 끝까지 그의 온 생애 내내, 그리고 리브가를 신부로 데려오는 과정에서 조차도, 가나안을 떠나지 않고 머물렀다. 이처럼 가나안을 자기 생애 가운데 한 번도 떠나지 않았던 사람은 족장들 가운데서 한 사람도 없었다. 하나님이 신랑을 절대적으로 하늘에 속한 존재로 설정하셨을진대, 하나님은 그것을 어떻게 효과적으로 하셨는가? 신부를 본향으로 데리고 오는 일에 아무리 큰 어려움과 난관이 있을지라도, 이삭은 결코 가나안을 떠날 수도 없었고, 그럴 명분도 없었다.

이미 살펴보았듯이, 하나님의 영께서는 신약성경의 서신서들에서 이와 동일한 진리를 우리에게 열어주시는데, 사실 요한복음의 마지막 부분에서 그리스도는 우리를 하늘에 있는 자신의 자리에 있게 해주실 것을 알려주셨다. 구약성경에서 그리스도는 종종 이스라엘을 통치하시며, 그들의 땅에서 그들을 회복시키시고 또 복 주실 분으로 소개되고 있다. 그리스도는 물론 모든 민족을 심판하실 뿐만 아니라 다스리실 것이다. 틀림없이 그리하실 것이다. 성경의 말씀은 문자 그대로 다 이루어질 것이다. 만일 하나님의 말씀이 땅에 속한 일에도 흔들릴 수 있다면, 하늘에 속한 일에 대한 것을 누가 믿고자 하겠는가? 시편과 선지서들은 한때 겸비했던 메시아께서 바다에서 바다까지 통치하시며(시 72:8), 또한 하늘이 땅을 덮는 날(신 11:21)의 도래에 대한 열정적인 비전으로 가득하다. 따라서 우리가 히브리서를 통해서 아는 것과 같지는 않지만 그럼에도 다소 하늘에 속한 영광에 대한 전망을 가지고 있던 구약의 성도들은 미래의 복이 나타나는 영역으로서 땅에 대한 전망을(물론 절대적으로 땅에 대한 것만은 아니지만) 가지고 있었다. 그렇다면 분명 그리스도는 열방을 달라고 구하실 것이고, 주 하나님께서는 이방 나라를 그리스도의 기업으로 주실 것이며, 온 땅을 그리스도의 산업으로 주실 것이다. 하지만 기업과 산업을 구하고 받는 일과 결과적으로 산 자에 대한 심판은(시 2:8,6) 현재 그리스도께서 하늘에서 기도하시는 일, 즉 "내가 저희를 위하여 비옵나니 내가 비옵는 것은 세상을 위함이 아니요 내게 주신 자들을 위함이니이다"(요 17:9)와는 상반되는 일이다. 참 이삭이신 그리스도는 지상에 있는 영혼들에게 하늘에 속한 특징을 각인시키는 일을 하신다. 그저 그들의 장래가 하늘에 들어가는 것이 전부가 아니라, 사실은 이 땅에 사는 동안 자신이 그리스도께 속한 자라고 하는 의식을 가지고 그분의 임재 가운데 사는 것과 그러한 임재 의식에 젖어 살아감으로써 천상의 향취를 흠뻑 품도록 하려는 것이다.

이 세상을 사는 것은 이처럼 경이로운 믿음을 나타낼 기회이다. 주 예수님은 속죄의 죽음을 통해서 그 깊음의 바닥까지 내려가셨다. 그리스도는 유대인들에게 철저하게 외면당하시고 버림받으셨고, 하나님은 이제 그들을 버리셨으며, 그들에게 약속된 땅에 속한 복도 연기되었다. 이제 이 일은 장래 그들이 다시 그리스도를 영접하는 일에 달려 있다. 그래서 장래 유대인들은 세상 사람들이 보기에 마치 죽은 자 가운데서 다시 살아난 것처럼 될 것이다. 그래서 의(義)가 선포된 곳은 의로운 분을 쫓아내버린 땅에서 된 것이 아니라 하늘에서 되었고, 바로 하늘에서 하나님은 사람들이 멸시하고 거절한 거룩하신 분을 영화롭게 하셨다. 이제 그리스도를 영접하는 사람은 그리스도 안에서 하나님의 의(義)가 된다. 그렇다면 이렇게 나타난 하나님의 은혜는 그 어느 약속보다 더 크고 풍성하다. 하나님은 결코 약속에 매이는 분이 아니다. 약속 보다 더 큰 은혜로 역사하시는 하나님은 일향 미쁘시고 긍휼이 풍성하신 분이지 않은가?

　세상을 선동하여 예수님을 죽음으로 몰고 간 마귀의 면전에서 우리를 위해 펼쳐진 엄청난 일은, 하나님이 우리가 지은 죄들을 대신해서 고통을 당하신 주 예수님을 죽은 자 가운데서 다시 살리시고 또 하늘의 영광으로 영화롭게 하셨으며, 세상에서 영혼들을 불러내시되, 그리스도와 함께 하는 복으로 개인적으로 부르셨을 뿐만 아니라 성령에 의해서 그리스도의 몸된 교회를 이루도록 부르셨다는 것이다. 따라서 그리스도는 머리로서 하늘에 계시고, 우리는 땅에서 그분의 몸으로서 한 몸을 이루고 있다. 만일 독자께서 참으로 지금 그리스도의 영을 가지고 있다면, 그것은 당신과 그리스도가 개인적인 관계를 가지고 있다는 의미이다. 그렇다면 당신의 생각이 어떠하든지, 혹은 다른 사람이 당신에 대해서 하는 말이 무엇이든지, 당신은 그리스도의 몸의 한 지체이며, 그리스도의 살 중의 살이요 뼈 중의 뼈인 것이다. "무릇 하늘에 속한 자는 저 하늘에 속한 자들과 같[다.]"(고전 15:48) 만일 그대가 그리스도를 믿고 있다면, 그분을 주로 고백하는 것을 두려워하지 말고, 당신이 받은 복을 의심하지도 말고, 어떤 식으로든 그리스도를 부끄러워하지 말라. 교회가 이러한 기쁨을 알고 성령으로 진행해 나가야 함에도, 이러한 진리를 내놓기를 부끄러워하고 있으니 이 얼마나 슬픈 일인가! 하나님의 은혜가 이미 하나님의 자녀들의 것으로 주어졌음에도, 그 사실을 잊어버린 상태에 있기에, 그 사실을 다시금 하나님의 자녀들에게 상기시켜주어야만 한다니, 이 얼마나 안타까운 일인가! 하나님은 우리의 관계를 그리스도 안에 있는 것으로 정하셨다. 그리스도 안에 있는 자가 되었다는 것은 양자의 영을 받아 하나님의 아들이 되었다는 의미이다. 나는 누군가 이렇게 말하는 것을 들은 적이 있다. 아주 천천히 곱씹으며 생각해보자. "나는 감히 하나님의 아들이 될 생각이 없다. 나는 그저 하나님의 종으로 만족한다." 아, 독자들이여, 이것은 결코 겸손이 아니다. 불신앙일 뿐이다. 참 신앙은 우리 자신으로 자기를 헤아리고 혹은 다른 사람으로 자기를 비교하는 것이 아니다. 참 신앙은 오로지 그리스도께서 모든 일을 감당하셨고, 이에 따라 하나님은 우리에게 복을 주시며, 구속의 역사와 그 일을 이루신 그리스도의 영광에 비례해서 우리를 새로운 관계 속으로 넣어주심으로써 하나님을 영화롭게 하려는 신성한 계획이 온전히 성취된 것을 제대로 보는데 있다.

그렇다면 그리스도 안에서 "하늘에 속한 자"가 되는 것은 무슨 의미인가? "무릇 하늘에 속한 자는 저 하늘에 속한 자들과 같다." 만일 하늘에 속한 자들이 있다면, 그들은 누구인가? 천사들일 순 없다. 선한 천사들은 자기 지위를 떠나지 않았고, 악한 천사들은 사법적인 처분을 받게 될 것이다. 은혜는 그 충만함의 끝까지 역사한다. 마지막으로 선택을 받은 사람은 아마도 하나님이 그 최고의 풍성한 복을 주신 사람일 것이다. 그러한 것이 그리스도인과 교회의 지위(position, 신분, 위치)이다. 그럼에도 우리는 그분의 이름을 위해서 한 일이 없다. 영적 해방과 그리스도 안에서 이루어진 우리의 관계는 그리스도와 그분의 사역에 달린 일이다. 결코 하나님의 은혜를 힘입어 우리의 노력으로 복을 수확하게 된 결과가 아니다. 나는 당신이 개인적으로 혹은 모든 성도들과 더불어 들어가게 된 하늘에 속한 자리와 하나님의 성전으로서 당신의 책임을 알지 못하고 있다고 말할 생각이 없다. 다만 당신이 하늘에 속한 영적 정서를 갖고 또 천상세계에 합당한 행실을 나타내려면, 그리스도와 당신의 관계에 집중하고 또 그리스도 안에 있는 사람이 되는 것이 무엇인지를 제대로 알고 또 추구해야 한다고 말하고 싶다. 자기 아버지를 친밀한 관계 속에서 아는 자녀 외에 그 누구에게서 아들의 행실을 기대할 수 있겠는가?

이것은 그리스도와 교회의 관계에서도 동일한 원칙이 적용된다. 아내가 아니라 남편이 그 신분에 따라 아내의 지위와 존엄을 결정하는 법이다. 그리스도는 지상에서 사역을 하셨고, 장차 지상을 통치하실 것이지만, 지금은 하늘에 계시며, 우리 그리스도인만이 그리스도를 하늘에 속한 분으로 알고 있다. 이렇게 천상적인 관계가 확립되었고, 이처럼 복된 방식은 하늘 영광 가운데 계신 그리스도로 말미암아 우리를 위해서 확립되었다. 그 결과 하늘로서 보내심을 받은 성령님을 통해서 우리는 한 몸으로 세례를 받았다. 십자가는 죄(sin)를 단번에 영원히 제거하는 도구였다. 하나님은 과거 세대 동안 죄를 오랜 동안 (동물의 피의 효력 덕분에) 못본척 지나치셨지만, 이제는 (그리스도의 피의 효력 덕분에) 죄를 제거하심으로써 의(義)를 확립하셨고, 이제 은혜는 의(義)로 말미암아 왕 노릇하고 있다. 죄(sin)는 심판을 받아 처리되었기에 더 이상 죄로 인해서 심판받지 않으며, 심판받을 수도 없다. 이제 믿음은 하나님 앞에 겸손히 무릎을 꿇고, 그리스도로 말미암아, 그리고 그리스도와 함께 이 하늘에 속한 신령한 복을 받아들인다. 이제 주 예수님을 믿는 우리는 그리스도와 연합을 이루게 된다. 고난을 받으신 인자께서는 높은 곳에 오르셨고, 만물 위에 머리로, 그리고 교회의 머리가 되셨다. 그리스도는 먼저 죽음을 통과하셔야만 했다. 이는 "한 알의 밀이 땅에 떨어져 죽지 아니하면 한 알 그대로 있고 죽으면 많은 열매를 맺[기]"(요 12:24) 때문이다. 하나님의 말씀은 주 예수님께서 구속을 완성하신 이후라야, 하나님의 우편에서 몸의 머리가 되실 것과 이제 지상에서 성령님은 그 몸을 형성하는 사역을 하고 계시는 것을 분명히 선언하고 있다. 주님이 지상에 계실 때에는 그와 같은 상태에 도달하지 못했다. 즉 그리스도께서 하늘에 있는 자리에 들어가실 때까지, 그리스도는 결코 우리의 머리가 되실 수 없었다. 그렇다면 그리스도께서 우리의 머리로서 하늘에 들어가기 전까지, 몸은 결코 시작될 수 없었을 뿐만 아니라 성령님은 우리를 몸으로 연합시키는 일을 할 수도 없으셨다. 우리를 그리스도와 연합시키는 일을 하는 것은 거듭남을 통해서 영혼이 다시 살아나는 일이나 심지어는 그리스도를 믿는 믿음을 통해서 되는 것이 아니다. 오직 신자에게 주어진 내주하시는 성령을 통해서 되는 일이다. 나는 이 일이 개인적으로 일어나는 일로 믿고 있다. 이처럼 그리스도와 연합을 이루는 것은 우리 일생 가운데 가장 중요한 순간이며, 우리 영혼 각자에게 있어서 가장 가치 있는 일이다. 만일 (우리 속에 있는 육신(성) 때문에 로마서 7장의 영적으로 곤고한 상태에 머물러 있기에) 양심이 해결되지 않았다면, 신령한 정서가 제대로 흐를 수 없다. 우리가 성령님을 통해서 그리스도와 연합을 이루는 일은 전적으로 하나님의 방식과 지혜로 된다는 것에는 의문의 여지가 없다.

우리는 새로운 출생으로서 거듭남과 그리스도의 몸에 연합되게 해주는 성령 세례를 구분해야 한다. 죄인으로서 우리는 영혼의 다시 살리심을 받았고, 성도로서 우리는 개인적으로뿐만 아니라 연합을 위해서 내주하시는 성령을 받았다. 당신이 사는 도시에 가장 이해하기 힘들 뿐만 아니라 평판도 아주 좋지 않은 여인이 있다고 가정해보자. 반면에 당신이 사는 도시에, 가장 숭고할뿐더러 매우 덕망이 높고 고매한 성품을 가진 사람이 그녀를 사랑하고, 더욱이 자기 신부로서 삼고자 한다. 이제 일이 어찌되겠는가? 즉시 모든 것이 변화된다. 과거 그녀의 삶은 더 이상 문제가 되지 않는다. 다른 사람들에게 뿐만 아니라 그녀 자신조차도 모든 것이 새로운 관계에 의존하게 된다. 하늘에 이를 때까지, 신자의 불신앙 조차도 복을 앗아가지 못한다. 하나님의 말씀에 따르면, 우리가 이 사실을 믿지 않는다면 실제적인 능력과 기쁨과 간증은 잃어버릴 터이지만, 그럼에도 이것은 우리에게 참된 것이다. 우리는 지금 그리스도의 몸의 지체이다. (지금은 그리스도의 몸의 지체가 아니지만) 장차 하늘에서 그리스도의 몸의 지체가 될 것이란 교리는 성경에 없다. 왜냐하면 그리스도의 몸의 지체가 되는 것은 하늘로서 오신 성령님을 통해서 지금 진행되고 있는 천상의 그리스도와 성령님의 사역이고, 또 하나님의 마음속에는 그리스도의 몸된 교회를 형성하는 일만큼 선하고 중요한 일이 없기 때문이다. 그래서 하나님은 그리스도를 영화롭게 하셨고, 그 결과 (우리를 그리스도의 몸에 연합시키심으로써) 우리를 그리스도 안에서 복을 주시는 것이다. 여기엔 우리가 그리스도와 함께 고난을 받도록 부르심을 받은 것도 포함된다. 모든 성도는 고난을 받게끔 되어 있다. 특히 그리스도인들은 의를 위해서 고난을 받을 뿐만 아니라 그리스도를 위해서 고난을 받는다.

불신앙은 자기 눈에 안전해 보이는 중간 지대를 좋아한다. 그리스도께 가까이 나아가는 것을 극단적인 신앙으로 치부해 버린다. 오늘날 기독교인들은 이상하게도 그러한 불신앙을 자신들이 따라할 무슨 본이 되는 신앙처럼 숭앙(崇仰)하고 있다. 하지만 그러한 신앙은 그리스도를 무시하는 불신앙일 뿐이다. 이처럼 이상한 신앙에 헌신한 사람들은 지금은 안락함에 기대고, 죄 사함을 받고 장차 하늘나라에 들어가기만을 소망한다. 이것은 기독교가 아니다. 다만 유대교의 부활일 뿐이다. 이런 식의 신앙은 성경에서 말하는 교회의 참 관계와 증거를 파괴시킨다. 육신 혹은 사탄의 충동을 받은 사람들을 통해서 진리는, 때로는 투박하고 느슨하게 제시되는 일이 있다. 이 때 사탄은 이것을 빌미로 삼아 세상 사람들에게 진리를 마치 어리석은 것처럼 생각하게 만든다. 신령한 사람이 이러한 행태를 보는 것은 참으로 참을 수 없는 일이다. 이 일은 개탄스러운 일일 뿐더러, 하나님의 영광을 추구하는 사람들에겐 그 무엇으로도 정당화될 수 없는 일이다. 따라서 우리는 사람들의 입맛에 맞도록 진리를 변형시키거나 또는 세상과 동행하기를 추구하는 그리스도인들을 위해서 진리를 약화시키는 일을 해서는 안된다. 하나님께 속한 모든 것은 믿음을 따라 흘러가야 한다. 성도의 믿음은 그 대상을 따라서 형성되는 것이기에, 영광 중에 계신 그리스도가 우리 믿음의 대상으로 정확하게 제시될 필요가 있다. 하늘에서 영화롭게 되신 그리스도와 연합을 이룬 사람은 그리스도를 통해서 더욱더 그리스도의 형상으로 아름답게 변화되어 갈 것이다. 이러한 역사는 주의 영으로 되는 일이며, 영광에서 영광에 이르는 과정을 거친다. 분명한 것은, 한 사람의 영혼이 자신의 죄악성을 깨닫고 하나님 앞에 엎드림으로써, 예수님의 피에 의한 영혼의 구속을 발견할 때까지, 그리스도와의 연합과 하늘에 있는 신령한 복과 특권에 대해서 말하는 것은 어리석은 일이다. 하지만 하나님 앞에서 양심이 그리스도의 피를 믿는 믿음에 의해서 정결해지면, 성령님은 신자를 인치시며, 신자는 하늘에 있는 그리스도와 하나가 된다.

성경을 통해서 볼 수 있는 분명한 사실은, 믿음이 없으면 연합도 없다는 것이다. 하지만 믿음만으로 연합이 이루어지는 것은 아니다. 죄인이 그저 그리스도를 믿을 때 그리스도와의 연합이 이루어진다는 개념은 성경에 없다. 그리스도와의 연합은 철저히 성령의 역사이다. 따라서 그가 믿었을 때, 하나님의 사랑하시는 아들의 영광을 위하여 아버지의 계획을 이루어드리고자 종의 자리에 내려오신 성령님의 역사로 그는 그리스도와 하나가 된다. 아들께서 전에 하나님의 뜻을 성취하는 종이 되어 섬겼던 것처럼, 이제는 성령께서 아버지의 마음과 사랑 가운데서 천상의 사귐을 누리고 계신 그리스도를 영화롭게 하는 일을 하신다. 이처럼 우리를 그리스도와 연합시키는 일은 그리스도께서 자신의 사역을 완성하시고 높은 곳에 오르신 결과로, 우리 속에 그리고 우리와 영원히 함께 하실 보혜사를 보내심으로써만 가능한 일이었다.

여기서 참으로 아름답게 묘사되고 있는 그림은 종의 행실을 통해서 나타난 믿음의 정신이다. 이처럼 아름다운 정신이 하나님의 마음에 합하게 기도하는 모습을 통해서 나타났다.

"이에 종이 그 주인의 낙타 중 열 필을 끌고 떠났는데 곧 그의 주인의 모든 좋은 것을 가지고 떠나 메소보다미아로 가서 나홀의 성에 이르러 그 낙타를 성 밖 우물곁에 꿇렸으니 저녁 때라 여인들이 물을 길으러 나올 때였더라 그가 이르되 우리 주인 아브라함의 하나님 여호와여 원하건대 오늘 나에게 순조롭게 만나게 하사 내 주인 아브라함에게 은혜를 베푸시옵소서 성 중 사람의 딸들이 물길으러 나오겠사오니 내가 우물 곁에 서 있다가 한 소녀에게 이르기를 청하건대 너는 물동이를 기울여 나로 마시게 하라 하리니 그의 대답이 마시라 내가 당신의 낙타에게도 마시게 하리라 하면 그는 주께서 주의 종 이삭을 위하여 정하신 자라 이로 말미암아 주께서 내 주인에게 은혜 베푸심을 내가 알겠나이다 말을 마치기도 전에 리브가가 물동이를 어깨에 메고 나오니 그는 아브라함의 동생 나홀의 아내 밀가의 아들 브두엘의 소생이라."(창 24:10-15)

종이 드린 기도는 진정 "성령으로 기도하는 것"이 무엇인지를 보여주기에 충분하다. 이 기도는, 단지 이것 저것을 구하는 기도가 아니라, 아들의 영광을 위하고 또 아버지께서 하라고 하신 일을 이루는 기도였다. 이 기도는, 우리가 그리스도의 이름으로 아버지께 무엇을 구하든지 다 받을 수 있는 기도처럼, 구약시대에 그리스도의 이름으로 아버지께 가장 생생한 기대감을 담아 드리는 기도로 보인다. 여기서 핵심은 바로 정신이다.

여기 본문에서 볼 수 있는 기도는 과연 일상적인 것이었을까? 창세기 28장에 소개된 야곱의 서약의 기도나 또는 창세기 32장에 소개된 야곱의 두려움과 고뇌에 찬 기도와 비교해보라. 이 얼마나 대조적인 모습인가! 창세기를 읽어보면 여러 곳에서 기도에 대한 교훈을 받을 수 있는 장은 많이 있다. 그럼에도 여기 창세기 24장에서 만큼 기도에 대해서 확실히 배울 수 있는 곳은 없다고 말하는 것은 결코 과장이 아니다. 어째서 그런가? 그건 그리스도인 속에 내주하시고 일하시는 성령님께서 신부를 불러내는 일을 하시는 동안, 믿음으로 행하는 것을 예시적으로 보여주셨기 때문이다. 분명 하나님은 그리스도의 이름을 지닌 사람들에게서 전적으로 신뢰하고 의지하는 영적 습관을 기대하신다. 물론 처음부터 하나님의 모든 역사는 기도를 통해서 되어졌고, 믿음을 가진 모든 사람은 기도했다. 우리는 기도의 역사를 감탄스러울 정도로 아브라함과 기타 여러 사람에게서 볼 수 있다. 그럼에도 모든 분별력을 갖춘 사람들에게 호소하고 싶은 것은, 성경 어디에서도 볼 수 없는 놀라운 기도의 모본이 여기 창세기 24장에 소개되어 있다는 것이다.

또 다른 특징이 있다. 성령님은 이전에 소개된 일이 없는 전혀 새로운 방식으로 강림하셨다. 아들께서 성육신의 방법으로 육체를 입고서 이 땅에 오신 것이 사실이듯이, 마찬가지로 성령님은 이제 우리 속에 그리고 우리와 함께 거하기 위해서 오셨다. 성령님은 이전에 아들 속에 내주하고자 강림하셨고, 하나님의 거룩한 자이신 아들을 피와 상관없이, 인치셨다. 그렇다면 죄인이었던 우리는 어떻게 우리 속에 성령님을 모셔 들일 수 있는가? 우리는 어떻게 하나님의 거룩한 영을 담는 그릇이 될 수 있는가? 오로지 그리스도의 (우리의 죄들(sins)과 죄(sin)를 완전히 해결함으로써) 완성된 사역, 그리고 온전케 하는 희생제사가 가진 효력으로써만 가능하다. 그 이전이 아니라, 그 이후에야 성령님은 가장 참혹한 죄인들이었던 사람들 속에 내주하기 위해서 강림하실 수 있었다. 우리를 모든 죄에서 정결케 한 피의 효력 덕분에 성령님은 우리 속에 영원히 거하실 수 있다. 사랑하는 독자들이여, 과연 당신은 그리스도의 피로 죄 사함을 받았는가? 영원한 속죄에 기초한 죄 사함의 복음이 그대의 영혼에 닿았는가? 참으로 복된 일은, 성령을 선물로 받는 것은 모든 그리스도인들을 위한 것이란 사실이다. 우리는 우리를 실제적으로 하나님의 임재 속에 붙들어주는 믿음의 정신과 기도를 필요로 할 뿐만 아니라, 또한 계발해야 한다. 하나님의 임재 속으로 들어가려면 육신이 처리되어야 하며, 하나님이 우리의 기도를 들으실 뿐만 아니라 우리가 하나님을 갈망하는 만큼 우리의 간구를 들어주신다는 믿음이 있어야 한다.

이것이 전부가 아니다. 지금 사람 속에서 역사하시는 성령의 능력을 보여주는 종은, 하나님이 자신을 인도하실 뿐만 아니라 자신을 위해서 모든 환경을 조율하신다는 경이로운 믿음 또한 보여주고 있다. 이 장의 시작부분은 여호와 하나님을 소개하는 것으로 시작되고 있다. 하지만 종을 통해서 계시된 하나님은 단지 아브라함이 알던 여호와 하나님이 아니라 "하늘의 하나님 그리고 땅의 하나님"(3절)이시다. 마찬가지로 그리스도인은 이제 성령님이 계시하신, 하나님의 영광이 내뿜는 장엄한 광채 속에서 하나님을 "우리 주 예수 그리스도의 하나님 곧 영광의 아버지"(엡 1:17)로 알아야 한다. 따라서 에베소서 4장에 보면, 하나님을 "만유 위에 계시고 만유를 통일하시고 만유 가운데 계시는"(6절) 만유의 아버지로 소개하고 있다. 이제 우리는 은혜로 말미암아 하나님과 가장 가까운 자리에 들어오게 되었다. 따라서 우리는 그리스도를 몹시도 미워했던 세상 사람들로부터 그리스도를 위하여 멸시를 당할 뿐만 아니라 쫓겨날 수도 있음을 알아야 한다. 하지만 우리는 하나님의 사랑을 받는 자녀로서, 만물을 운행하시는 하나님의 귀에 대고 직접 말할 수 있을 정도의 친밀한 관계 속에 있음도 알아야 한다. 그 종이 "반 세겔의 금 귀고리 한 개와 그녀의 손에 맞는 열 세겔 짜리 금팔찌 두 개를"(22절, KJV 참조) 주었던 것처럼, 우리 각 사람은 그리스도의 선물의 분량대로 은혜를 받았다. (에베소서 4:7-16을 읽으라.)

종의 마음은 즉각적으로 경배의 영으로 충만해졌다.

"이에 그 사람이 머리를 숙여 여호와께 경배하고 이르되 나의 주인 아브라함의 하나님 여호와를 찬송하나이다 나의 주인에게 주의 사랑과 성실을 그치지 아니하셨사오며 여호와께서 길에서 나를 인도하사 내 주인의 동생 집에 이르게 하셨나이다 하니라."(창 24:26-27)

이건 분명 그리스도인의 예배라기 보다는 경외심에 의해서 우러난 존경의 표시였다. 즉 하나님의 교회에서 드리는 예배가 아니라 개인적인 경배였다. 그럼에도 이는 예배의 예표였다. 창세기의 모든 장을 모아도 이 장만큼 경배 혹은 예배에 대해서 분명한 교훈을 주는 장은 없다는 사실에 당신은 충격을 받은 적이 있는가? 어째서 그런가? 하나님이 이 창세기 24장에서 참 예배자를 위한 새로운 길을 여셨기 때문이 아니라고 누가 말할 수 있는가? 진리를 따라서 그리고 사랑을 따라서, 하나님은 이제 자신을 그 아들 예수 그리스도 안에서 계시하셨다. 하나님은 더 이상 구약시대처럼 사람으로 혹 하나님을 더듬어 찾아 발견하는 방법을 사용하지 않으신다(행 17:27). 다만 그리스도의 하나님 곧 그리스도의 아버지께서 우리를 그리스도의 아버지 곧 우리의 아버지, 그리스도의 하나님 곧 우리의 하나님께로 이끌어주시고, 또 하나님이 친히 그리스도 안에서 우리에게로 내려오실 뿐만 아니라 우리를 죽으셨다가 다시 살아나시고 또 하늘에 오르신 그리스도 안으로 넣어주심으로써 자기 앞에 아무 흠도 없게 해주셨다. 이럴진대 우리가 어찌 그분을 경배하지 않을 수 있단 말인가?

영혼이 분명 그리스도인의 자리와 교회의 자리에 들어간다면, 영과 진리 안에서 예배의 영이 흘러나오게 된다. 하나님은 은혜를 통해서 나타나셨고, 구속의 역사는 이루어졌으며, 휘장은 찢어졌고, 이제 우리는 아들들로서 하나님께 나아가며, 하나님은 우리 안에 거하신다. 하나님의 영은 하나님의 자녀들로 하여금 예배의 영으로 충만하게 하시고, 그리고 영적 예배로 인도하신다. 따라서 고린도전서는 고린도 성도들로 하여금, 그들의 영적 상태에도 불구하고, 영으로 찬송하고 또 마음으로 찬송하라고 말한다. 에베소서와 골로새서에서는 "시와 찬송과 신령한 노래들로 서로 화답하며 너희의 마음으로 주께 노래하며 찬송하[라]"(엡 5:19, 골 3:16)고 말한다. 이것은 하나님을 향해 찬송과 감사를 호흡해낼 수밖에 없는 관계를 전제로 한 것이다. 이처럼 찬송과 감사와 예배는 자아로 충만한 상태와는 너무도 다른 양상을 띤다. 이 사실은 매우 중요하다. 찬송, 감사, 예배는 각자의 자리와 때가 있다. 그럼에도 모든 자리와 모든 때에 맞는 것이 있다면, 그것은 겸손일 것이다. 그리스도인에게 위험스러운 것이 있다면, 그것은 자신을 판단하지 않고 그저 자신의 모든 행사를 겸손의 행실로 생각하는 것일 것이다. 우리 속에 있는 것은, 그것이 무엇이든지 자기 판단을 통과해야 한다. 그럴 때만이 우리 하나님 아버지께서 홀로 받으셔야만 하는 예배를 합당하게 드릴 수 있다. 그럴 때만이 하나님과 어린양께 올리는 찬양과 찬미가 흐려지거나 방해받지 않게 된다. 그러므로 우리는 "사람이 자기를 살피고 그 후에야 이 떡을 먹고 이 잔을 마실지니"(고전 11:28)라는 교훈을 마음에 새겨야 한다.

창세기 24장의 이야기에 소개된 예표와 모형을 통해서 우리는 엘리에셀의 마음을 가득 채우고 있었던 것이 "하나님을 아는 지식"과 "하나님이 우리에게 주시는 복"이라는 것을 볼 수 있다. 그래서 그 종은 자기 머리를 숙여, 하나님이 은혜를 지속적으로 나타내시는 것에 비례해서 경배했던 것이다. (48절과

52절을 비교하라.)

신부를 부르시는 일과 주의 재림과 직접적으로 연결되어 있다는 사실에 주목할 필요가 있다. 핵심은 리브가에게 제시한 질문에 있다. "네가 이 사람과 함께 가려느냐?"(58절) 인간의 본성은 며칠만이라도, 적어도 열흘 정도는 그녀를 붙들어두고 싶어 한다. 하지만 종이 하는 보고를 듣고 믿은 그녀는, 마치 그리스도인이 그리스도께 하듯 마음을 정해버렸다. "예수를 너희가 보지 못하였으나 사랑하는도다 이제도 보지 못하나 믿고 말할 수 없는 영광스러운 즐거움으로 기뻐하니"(벧전 1:8) 형제, 모친, 집, 가족, 고향 등을 핑계 삼는 것은 공허한 말일 뿐이다. 그 종은 사랑의 전령이었고, 신부를 본향으로 데리고 가는 임무를 수행하고 있었다. 이 일은 정확히 성령님이 새 사람 속에서 하시는 일이다. 성령님은 다만 우리 영혼 속에 그리스도를 유일한 목표로 삼는 일을 하신다.

"내가 이미 얻었다 함도 아니요 온전히 이루었다 함도 아니라 오직 내가 그리스도 예수께 잡힌 바 된 그것을 잡으려고 달려가노라 형제들아 나는 아직 내가 잡은 줄로 여기지 아니하고 오직 한 일 즉 뒤에 있는 것은 잊어버리고 앞에 있는 것을 잡으려고 푯대를 향하여 그리스도 예수 안에서 하나님이 위에서 부르신 부름의 상을 위하여 달려가노라."(빌 3:12-14)

그 좋은 마음이 흩뜨려지지 않고, 오직 "한 가지 일"에 몰두했다. 그는 "나를 만류하지 마소서 여호와께서 내게 형통한 길을 주셨으니 나를 보내어 내 주인에게로 돌아가게 하소서." (56절)라고 말했다. 과연 누가 출발을 지연시키거나, 그만 둘 것을 말하는가? 성령의 마음 속에 있는 유일한 갈망은 우리를 즉시 본향으로 데리고 가는 것이지 않은가? 성령의 사랑을 참으로 알게 되면 우리 영혼 속에 참 사랑이 생성된다. 여기서 리브가는 매우 단순하게 대답했다. "가겠나이다." (58절) 성령과 신부는 오직 이것만을 말할 뿐이다. "오시옵소서. 주 예수여." 사랑하는 독자여, 당신도 이렇게 말할 수 있는가? 주님이 오고 계신다. 당신도 가려는가? 이삭이 리브가를 맞이하러 나왔다. 모든 것을 버려두고 떠나온 그녀도 신랑을 맞으러 나갔고, 다른 사람이 아닌 오직 신랑을 위해서 "너울을 가지고 자기의 얼굴을 가렸다." (65절) 이 만남의 순간이 다가올수록 그녀는 그 사실을 점진적으로 영으로 깨달을 수 있었다.

하나님이 친히, 하나님의 영을 통해서 진정 그리스도께서 우리에게 어떠한 분이신지에 대한 진리에 우리의 마음이 집중되도록 해주시길 바란다! 불신앙은 항상 진리가 아닌 것에 집착함으로 생겨난다. 신자로서 우리는 은혜가 그리스도 안에서 우리에게 준 것을 과장할 수는 없다. 그럼에도 하나님의 모든 성도는 지금 그리스도와 함께 하는 복을 받았다. 그렇지만 현재 우리는 다만 말씀과 하나님의 영을 받았을 뿐이다. 그래서 육신적인 사람은 그것을 멸시하고 거부한다.

하나님의 말씀을 자세히 상고하여 보라. 그리하면 우리의 신분이 우리 앞에 있는 진리와 얼마나 잘 조화를 이루고 있는지를 보게 될 것이다. 신약성경의 서신서들의 가장 주요한 주제는 바로, 창세기 24장의 예표를 통해서 묘사되어 있는, 즉 가나안에 있는 신랑을 위해서 신부를 불러내어 광야를 횡단하는 엘리에셀의 사역, 곧 교회를 정결한 처녀로 한 남편인 그리스도께 드리려고 중매하는 사역을 소개하는데 있다.

사람들 사이에 흔히 높이 평가되고 존경을 받는 것들을 살펴보거나, 당신의 사역에도 좋고 또 도움이 될 만하다고 생각되는 것들을 하나님의 말씀에 비춰보면, 대부분 우리의 생명이신 그리스도를 드러내는 일에 장애물 내지는 방해물이 되고 있는 것을 볼 수 있다. 지상에 있는 대상물이 당신의 마음을 채우고 있다면, 그것은 그리스도를 영화롭게 하는 일을 하시는 성령님께 방해물이 될 뿐이다. "너희가 그리스도와 함께 다시 살리심을 받았으면 위의 것을 찾으라 거기는 그리스도께서 하나님 우편에 앉아 계시느니라 위의 것을 생각하고 땅의 것을 생각하지 말라."(골 3:1,2) 당신이 추구할 일은 지상에서는 거절을 당하셨으나, 지금은 하늘 영광 중에 계시고, 다시 오실 그리스도를 증거하는 것이다! 나는 이것을 독자들의 몫으로 남겨두고 싶다. 이것은 사람의 말이 아니라, 당신의 영혼 속에서 약동하는 하나님의 진리이기 때문이다. 당신이 들은 모든 것을 시험해보고, 좋은 것을 굳게 붙들라(살전 5:21).

그리스도인은 어떠한 경우에도 그리스도 안에 있는 자신의 신분과 그리스도와의 개인적 사랑의 관계를 잊어버려서는 안 된다. 그것이 개인적인 것이든 아니면 교회적인 것이든, 두 가지 모두 중요할 뿐만 아니라 또한 존중해야 마땅하다. 만일 독자께서 어떻게 하는 것이 자신의 정서와 행실이 하늘에 속한 것이 되게 하는지 잘 알고 있다면, 당신은 땅에 속한 마인드로 가득한 교회나, 여기 이 땅에서 현재적으로 누릴 수 있는 우리의 복으로서, 그리스도의 몸과 신부가 되는 길을 부정하는 교회는 멀리하고자 할 것이다. 그리스도의 몸과 신부의 길을 추구하는 교회만이 그리스도께 전적으로 헌신된 교회이며, 그분의 재림을 지속적으로 사모하는 교회이고, 따라서 그리스도께서 사랑하시는 교회이기 때문이다. 그러한 교회는 그리스도께서 세상에 속하지 않은 것처럼, 세상에 속하지 않는다. 신약성경의 진리를 따르기 보다는 그저 자신들이 정한 원리에 따라서 모이는 공동체로서 교회(a denomination)는 세상적인 권위를 따라서 형성된 종교 시스템일 뿐이다. 만일 우리가 그리스도의 몸이라면, 우리는 우리를 하나로 만드신 성령에 의해서 그렇게 하나가 되었고, 그렇다면 우리는 그리스도의 영광을 위한 그리스도의 사랑의 대상이다. 이제 우리는 그리스도를 십자가에 못 박은 세상으로부터 분리되어야 마땅하다. 그대도 이렇게 믿고 있는가? 우리 하나님께서 그리스도를 위하여 자신의 진리를 더욱 빛을 발하게 해주시고, 이 진리를 따르는 자신의 신부에게 복 주시길 빈다!

W. K.

부록2

신부로의 부르심
The Call of the Bride

by 존 넬슨 다비

하나님이 족장들에게 주신 약속의 수혜자로서 아브라함의 이야기를 통해서, 우리는 신앙의 근본 원리들을 배울 수 있다. 아브라함은 자기 아들 이삭을 제물로 드렸다가 후에 돌려받았는데, 이러한 행동은 예수님의 부활을 모형적으로 보여준다. 이삭처럼 죽음과 부활을 통과한 예수님도 아버지의 모든 기업을 물려받는 상속자가 된다. 교회의 모형인 리브가는 부활한 이삭의 신부로 부르심을 받게 된다. 그리고 야곱을 통해서 우리는 유대 민족의 예표를 보게 된다.

아브라함을 통해서, 우리는 사람과 하나님이 율법과 관계없이 순전한 은혜를 통해서 관계를 맺는 중요한 원리를 본다. 하갈은 율법이 가입하게 된 중심 역할을 한 인물로 소개되고 있다. 모형적으로 죽은 자 가운데서 다시 살아난 이삭은 머리되신 그리스도를 상징하고 있으며, 자신의 사역을 완성함으로써 하나님의 신성한 계획들을 이루는 중심적인 자리에 들어가게 된 것을 우리에게 보여준다.

창세기 24장에서 아브라함은 이삭을 위한 아내를 구하는 일에 엘리에셀을 보낸다. 이 종 엘리에셀은 "신부이자 어린양의 아내"인 교회를 얻는 일에 아버지께로부터 보내심을 받은 성령님을 예표한다. 신부를 구하는 일을 하는 사람은 이삭이 아니었다. 마찬가지로 그리스도는 자기를 위해 교회를 선택하는 일을 하도록 이 지상으로 다시 돌아오지 않았다. 리브가가 약속의 땅에 오기 위해선 반드시 자기 고향을 떠나야 했다. 여기 창세기 24장에서 우리는 성령님이 일하시고 역사하시는 특징들을 볼 수 있으며, 영혼이 어떻게 성령의 인도하심을 받아 처신해야 하는지를 볼 수 있다. 이러한 것들이 엘리에셀과 리브가를 통해서 볼 수 있는 주요한 교훈들이다.

나이 많아 늙게 된 아브라함은 자기 집 모든 소유를 맡은 가장 나이 많은 종에게 "네 손을 내 환도뼈 밑에 넣으라 내가 너로 하늘의 하나님, 땅의 하나님이신 여호와를 가리켜 맹세하게 하노니 너는 나의 거하는 이 지방 가나안 족속의 딸 중에서 내 아들을 위하여 아내를 택하지 말[라]"(창 24:2,3)고 말했다. 우리의 주목을 끄는 첫 번째 인물은 엘리에셀로서, 그는 자기 주인의 모든 소유를 맡아 감독하는 사람이었다. 그는 상속자가 아니다. 아들이 상속자이다. 성령님은 만물에 대한 처분권을 가지신 분이시다. 성령님은 그리스도의 것들을 가지고 우리에게, 즉 교회에게 보여주신다.

> "내 고향 내 족속에게로 가서 내 아들 이삭을 위하여 아내를 택하라 종이 가로되 여자가 나를 좇아 이 땅으로 오고자 아니하거든 내가 주인의 아들을 주인의 나오신 땅으로 인도하여 돌아가리이까 아브라함이 그에게 이르되 삼가 내 아들을 그리로 데리고 돌아가지 말라."(4-6절)

다시 사신 그리스도와 이 세상이 무슨 관계를 갖는다는 것은 불가능한 일이다. 이삭이 리브가에게 가는 것이 아니라, 리브가가 이삭에게 나와야 한다. 아브라함은 자기 종에게 지침을 주었다. 따라서 가장 중요한 요소는 하나님의 말씀의 지침을 따라야 한다는 것이다. 이에 아브라함의 종은 아무 질문도 하지 않고, 바로 준비를 한 후 메소보타이미아로 가서 나홀의 성에 도착했다(9-10절).

우리도 동일한 행동을 해야 한다. 인간의 지혜는 나름대로 계산과 판단을 할 터이지만, 그러한 지혜는 우리 영혼이 하나님의 존전으로 나아가는 길에 방해만 될 뿐이며, 심지어는 우리가 하나님을 위한 일을 하고 있더라도 마찬가지이다. 우리가 신중하게 생각하기 시작한다면, 거기엔 머뭇거림이 있게 된다. 그렇다면 우리는 혈육과 의논하고 싶을 것이고, 그들의 고견을 따르게 될 것이다. 최우선적인 일은 하나님의 임재 가운데 들어가 하나님을 대면하는 일이다. 그것이 없다면 거기엔 지혜도 능력도 없다. 반면 축복의 길에 들어서기만 한다면, 우리는 하나님에게서 우리가 필요로 하는 모든 영적 지각을 얻게 될 것이다. 우리는 이러한 것을 아브라함의 종의 여정 가운데 보게 된다.

엘리에셀은 하나님을 "우리 주인 아브라함의 하나님 여호와여"라고 불렀다. 그는 "나의 하나님"이라고 말하지 않았다. 모든 약속은 아브라함에게 주어졌으며, 하나님은 자신을 아브라함의 하나님으로 나타내셨다. 여기서 그 종은 자신이 전적인 의존 가운데 있음을 보여준다. 우리는 그가 약속의 길에 굳게 서서, 자신을 높이려는 뜻은 없고 다만 전적인 의존 가운데서 하나님의 계획에 따라서 행동할 뿐만 아니라, 하나님이 복을 두신 곳 외에서는 그 무엇도 취하고자 하지 않는 모습을 볼 수 있다. 왜냐하면 약속은 아브라함에게 주어진 것이기 때문이다. 우리에게 주어진 복은 그리스도 안에 있으며, 우리가 구하는 바 모든 해답도 그리스도 안에 있다. 따라서 하나님이 자신의 복을 두신 곳 밖에서 그 무엇을 얻고자 해서는 안된다. 즉 믿음으로 걷는 순종의 길에서만 복을 받을 수 있다.

엘리에셀은 자기 주인 아브라함의 하나님을 부르며, 자기 주인에게 은혜를 베푸시길 기도하면서, "한 소녀에게 이르기를 청컨대 너는 물 항아리를 기울여 나로 마시게 하라 하리니 그의 대답이 마시라 내가 당신의 약대에게도 마시우리라 하면 그는 주께서 주의 종 이삭을 위하여 정하신 자라 이로 인하여 주께서 나의 주인에게 은혜 베푸심을 내가 알겠나이다"(14절)라고 말했다. 이는 "오 주님, 반드시 이렇게 해주옵소서. 그렇게 해주서야 주님이 당신의 종 이삭의 아내로 정하신 사람을 제게 알아볼 것입니다. 그 사람이 이러 저러한 행동을 할 때, 그 사람이야말로 주님이 정하신 사람일 것입니다."라는 뜻이다.

"말을 마치기도 전에 리브가가 물동이를 어깨에 메고 나오니 그는 아브라함의 동생 나홀의 아내 밀가의 아들 브두엘의 소생이라 그 소녀는 보기에 심히 아리땁고 지금까지 남자가 가까이 하지 아니한 처녀더라 그가 우물로 내려가서 물을 그 물동이에 채워 가지고 올라오는지라 종이 마주 달려가서 이르되 청하건대 네 물동이의 물을 내게 조금 마시게 하라 그가 이르되 내 주여 마시소서 하며 급히 그 물동이를 손에 내려 마시게 하고 마시게 하기를 다하고 이르되 당신의 낙타를 위하여서도 물을 길어 그것들도 배불리 마시게 하리이다 하고 급히 물동이의 물을 구유에 붓고 다시 길으려고 우물로 달려가서 모든 낙타를 위하여 긷는지라 그 사람이 그를 묵묵히 주목하며"(15-21절)

어째서 의심했을까? 어째서 그 종은 자신의 기도에 대한 답을 얻었음에도 주저했을까? 그 이유는 이렇다. 과연 하나님의 손이 현저한 모습으로 나타날지라도, 그리스도인이 집중해야 하는 중요한 원칙이 있다. 그것은 과연 말씀과 일치하는지를 살피는 것이며, 그 일을 게을리 해서는 안된다는 것이다. 왜냐하면 무엇이 하나님의 인도하심인지를 분별하는데 우리가 다 연약함이 있기 때문이다. 믿음은 하나님의 능력을 바라보지만, 말씀을 통해서 모든 것을 분별해보아야 한다. 왜냐하면 하나님은 반드시 자신의 말씀을 따라서, 즉 말씀에 일치하도록 역사하시기 때문이다. 하나님과의 사귐 속에 있었던 종은 바로 이러한 분별과 생각 가운데 행동했다. 물론 거기엔 몇 가지 하나님의 인도하심이 분명하다는 것을 나타내는 표지들이 있었지만, 그는 하나님의 뜻이 말씀과 정확하게 일치하는 시점까지 아무런 결정도 하지 않았다. 그는 이렇게 말할 수 있을 때까지 기다렸던 것이다. "이제야 하나님의 말씀과 일치하는구나."

"낙타가 마시기를 다하매 그가 반 세겔 무게의 금 손목고리 한 쌍을 그에게 주며 이르되 네가 누구의 딸이냐 청하건대 내게 말하라 네 아버지의 집에 우리가 유숙할 곳이 있느냐 그 여자가 그에게 이르되 나는 밀가가 나홀에게서 낳은 아들 브두엘의 딸이니이다 또 이르되 우리에게 짚과 사료가 족하며 유숙할 곳도 있나이다."(22-25절)

하나님은 아브라함이 소망했던 바를 이렇게 완벽하게 응답하셨다. 그의 종 엘리에셀은 자신이 기도했던 것이 그대로 이루어지는 것을 보았다. 일이 더 진행되기 전에, 집 안으로 들어가기 전에, 이 모든 일 가운데 하나님이 개입함으로써 이루어 주신 일을 생각하면서, 그 종은 머리를 숙여 주님을 경배했다. 그리곤 "나의 주인 아브라함의 하나님 여호와를 찬송하나이다 나의 주인에게 주의 사랑과 성실을 그치지 아니하셨사오며 여호와께서 길에서 나를 인도하사 내 주인의 동생 집에 이르게 하셨나이다."(27절)고 말했다.

우리는 동일한 내용을 다니엘서를 통해서 볼 수 있다. 다니엘은 친구들과 더불어 기도에 전념했다. 자신에게 닥칠 일을 알려달라는 왕의 명령을 받은 다니엘이 꿈에 대한 계시를 받았을 때, 다니엘은 왕이 알기를 바랬던 것을 자신에게 계시해 주신 하나님을 찬송했다. 이렇듯 찬송은 하나님이 우리 마음에 계실 때 항상 일어나는 일이다. 우리는 진정 하나님이 일하시는 것을 충분히 감지할 수 있으며, 이에 하나님께 감사를 올릴 수 있다.

"소녀가 달려가서 이 일을 어머니 집에 알렸더니 리브가에게 오라버니가 있어 그의 이름은 라반이라 그가 우물로 달려가 그 사람에게 이르러 그의 누이의 코걸이와 그 손의 손목고리를 보고 또 그의 누이 리브가가 그 사람이 자기에게 이같이 말하더라 함을 듣고 그 사람에게로 나아감이라 그 때에 그가 우물가 낙타 곁에 서 있더라 라반이 이르되 여호와께 복을 받은 자여 들어오소서 어찌 밖에 서 있나이까 내가 방과 낙타의 처소를 준비하였나이다."(28-31절)

아브라함의 종이 상황을 설명하는 이야기를 들은 후, 라반과 브두엘은 이 모든 일이 주님에게서 온 것을 알고 말하길, "이 일이 여호와께로 말미암았으니 우리는 가부를 말할 수 없노라."(50절)고 대답했다. 마찬가지로 우리 그리스도인들도 살아가는 삶의 상황 속에서 전적으로 하나님을 의존하는 가운데 행동하게 되면, 하나님은 우리의 길을 순적하게 인도하실 것이며, 하나님을 전적으로 의지하면서 살아가기 때문에 우리를 어렵게 하는 원수들을 제어해주실 것이다. 왜냐하면 우리 앞에 주님을 모시고 있기 때문에, 하나님은 항상 우리의 우편에서 힘을 보태주실 것이기 때문이다.

만일 하나님께 무언가 구했는데 하나님의 응답을 받았다면,

나는 지금 하나님의 뜻을 이루는 길에 있다는 확신을 가지고 행동할 필요가 있다. 나는 행복감을 느끼며, 아주 만족스러울 것이다. 만일 무슨 어려운 일을 만날지라도, 이것이 나의 걸음을 멈추게 해서는 안된다. 난관은 믿음을 가지고 극복해야 하는 장애물일 뿐이다. 하지만 만일 내가 무슨 일을 시작하기 전에 이러한 확신이 없다면, 나는 주저할 수밖에 없을 것이고, 무엇을 해야 할지 알지 못할 것이다. 이런 일은 나의 믿음을 시험하는 시련일 수도 있고, 아니면 내가 현재 하고 있는 일을 그만두어야 하는 것일 수도 있다. 그렇다면 나는 긴장상태에서 무슨 일을 시작하는 것을 주저할 수밖에 없다. 설사 하나님의 뜻을 행하는 가운데 있을지라도, 나는 그에 대해 확신할 수 없고, 행복감도 맛볼 수 없다. 그렇다면 행동하기 전에 진정 내가 하나님의 뜻을 행하고 있는지 다시 점검해볼 필요가 있다.

하나님은 모든 일을 엘리에셀의 바램을 따라서 행하셨음을 주목하라. 이런 일은 주님을 기뻐하는 모든 사람들에게 필수적으로 일어나는 일이다. 하나님의 섭리는 내가 수행하고 있는 하나님의 뜻을 이루는 방식으로 진행되어 간다. 성령님은 말씀을 통해서, 나에게 하나님의 뜻을 알게 하신다. 이것이야말로 내가 바라는 모든 것이다. 하나님은 만사를 자기 뜻을 이루는 요소로 작용하도록 하신다. 만일 우리가 영적인 지각을 좇아서 하나님과 동행하고 있다면, 하나님은 자신의 뜻 또는 자신의 목적을 이루도록 우리를 도와주신다. 여기엔 영적인 분별력이 필요하기에, 우리에게 모든 지혜와 신령한 총명에 풍성하게 하신다. 그래서 성경은 "네 눈이 성하면 온 몸이 밝을 것이요"(마 6:22)라고 말한다. 나는 하나님이 나를 어디로 인도하실지 모르지만, 이것은 내가 걸어야 하는 길을 걷기 전에 반드시 취해야 하는 단계이다.

아브라함의 종, 엘리에셀은 그 집에 들어갔다. "그 앞에 음식을 베푸니 그 사람이 이르되 내가 내 일을 진술하기 전에는 먹지 아니하겠나이다 라반이 이르되 말하소서."(33절) 이 종이 가지고 있는 굳건한 성품을 보라! 마음속에 정함이 없는 사람을 생각해보자. 그러한 사람은 자신이 무언가 행동해야 하는 시간이 오면, 그저 이 사람 저 사람에게 자문을 구할 뿐이다. 그런 사람은 그저 자신의 뜻을 행하고픈 욕심 때문에, 믿지 않는 사람에게도 자문을 구하게 된다. 바울은 혈육과 의논하지 않았다. 바울은 자신을 부르신 그리스도의 뜻을 알았을 때, 곧장 앞으로 나아갔다.

자신의 사명에 충실했던 엘리에셀은 자신의 일을 진술하기 전에는 자기 앞에 차려진 음식을 먹을 수 없었다. 그는 자신이 할 일을 할 뿐이었다. 성공적인 그리스도인의 삶의 비밀은, 하나님의 뜻을 알자마자 바로 자신이 해야 할 일을 시작할 뿐만 아니라 그 일에 전념하는 것이다. 그 무엇도 끼어들 틈을 주지 않아야 하며, 심지어 자기 몸의 필요를 채우는 일일지라도 방해하지 못하도록 해야 한다. 이러한 것이 성령님이 일하시는 특징이며, 그 표지이다. 엘리에셀은 자신의 일을 진술하기를 원했다. 그에겐 무엇이 최우선적인 것이었을까? 바로 자기 주인 아브라함의 유익과 명예였다. 아브라함은 그 종에게 자기 아들 이삭을 위한 유익한 일을 맡겼던 것이다.

하나님은 이 땅에서 우리에게 자기 아들 예수님의 영광을 맡기셨다. 이 영광은 우리에게 주신 성령님을 통해서 주어졌다. 따라서 성한 눈이 있다면 하나님이 우리를 두신 자리, 즉 그리스도 안에 있는 자로서 합당한 영적인 분별력이 있을 것이다. 만일 우리가 그 자리에 있기만 한다면, 조금의 주저함이나 머뭇거림이 없을 것이고, 우리는 우리의 자리에서 영적 자유와 기쁨을 누리며 행동하게 될 것이다. 만일 나 자신의 편의나, 나 자신 혹은 가족에 대한 유익만을 생각한다면, (분명 신속한 순종을 하지 못하게 하는 수천가지 이유들이 제기될 것이다) 이것은 혈육과 의논하는 것이 된다. 하지만 그리스도의 유익만을 생각한다면, 그것만으로도 즉각적인 순종을 해야 할 이유로 충분하다. 그밖에 다른 것을 생각한다면, 내 마음 속에는 나에게 맡겨진 영광이 거할 자리가 없을 것이며, 나를 영광의 자리에 두신 하나님에 대한 신뢰도 없게 될 것이다. 엘리에셀은 자신에게 모든 것을 맡긴 아브라함만을 생각했다. 리브가에게 자기 주인 집에서 가져온 기쁜 소식과 그 집에 속하는 자가 받게 될 특권을 소개할 때에도 그의 생각은 거기에만 집중되어 있었다.

만일 우리의 마음이 성령으로 충만하다면, 우리에게도 동일한 일이 일어날 것이다. 하나님이 우리에게 예수님이 받으신 영광을 보여주셨다는 사실을 마음에 새기는 일은 매우 중요하다. 하나님은 우리에게서 그 무엇도 바라지 않으신다. 무엇을 바라신다한들 우리가 과연 무엇을 할 수 있단 말인가? 우리 안에서 역사하시는 분은 성령님이시다. 우리는 다만 성령님이 일하시도록 할 뿐이다. 성령의 임재를 통해서 하나님이 우리 속에서 영광을 받으시는 것이 하나님의 뜻이다. 우리는 두 달란트와 다섯 달란트를 받은 사람에게서 이러한 모습을 볼 수 있다. 주인을 신뢰하는 마음은 종의 확고한 사명의식을 통해서 나타나게 되어 있다. 바로 여기서 엘리에셀이 한 말, 즉 "내가 내 일을 진술하기 전에는 먹지 아니하겠나이다."를 통해서 우리는 이것을 확인할 수 있다.

이처럼 자기 주인의 영광을 위하는 마음으로 점유되어 있었기 때문에, 자신의 사명을 이루기까지 그 어떤 음식도 먹고자 하지 않았다. 이러한 것이 하나님의 뜻을 이루는 방법이다. 그는 모든 일을 라반에게 설명하면서, 자신이 걸어온 길을 소상히 말했다. 이 일을 하는데 무슨 논쟁도 없었고, 이런 방법 저런 방법으로 했으면 더 지혜롭지 않았을까 하는 후회나 변명도 없었다. 다만 모든 일을 하나님께 의탁하고 순종의 길을 걸어온 단순함만이 있었다. "라반과 브두엘이 대답하여 이르되 이 일이 여호와께로 말미암았으니"라고 대답했다. 만일 이성적으로 따지기 보다는 더욱 단순해지고 또 순종적이 되고 또한 성령님이 우리에게 말씀하시는 것만을 제시한다면, 결과는 더욱 좋을 것이다. 하지만 우리는 종종 하나님의 명령을 우리 인간의 지혜로 대치하곤 한다. 가장 단순하게 말하는 것들이 최고의 결과를 낸다. 베드로는 유대인들에게 "너희가 생명의 주를 죽였도다"라고 말했다. 즉 베드로는 "이것이 너희가 저지른 일이다. 나는 하나님 편에서 이것을 너희에게 말하지 않을 수 없다."고 말한 셈이다(행 3장).

만일 우리가 하나님께 속한 일들을 이해하고 그것을 사람들에게 제시하되, 마치 하나님 앞에서 하는 것처럼 한다면, 성령님은 그 증거에 함께 하실 것이며, 사람의 양심은 각성되고 우리는 그 영혼을 얻게 될 것이다. 그러면 사람들은 그저 눈에 보이는 베드로나 요한을 생각지 않을 것이다. (사람들이 그들을 하나님이 보내신 영적인 사람들로 생각하고, 하나님이 자신들에게 영적인 것들을 드러내시는 것처럼 여기기만 한다면 그럴 것이다.) 그렇다면 그들이 대면하는 것은 그저 사람이 아니라 하나님이신 것이다. 하나님이 우리에게 이러한 단순함을 주신다면, 우리는 하나님이 사물을 보는 것과 같은 방식으로 보게 될 것이며, 우리는 그 사람이 하나님 앞에 있는 상태에 있는 것처럼 여기며 말하게 될 것이다. 만일 그 사람이 잃어버린바 된 사람이라는 것을 느꼈다면, 나는 그에게 매우 단순하게 말할 것이다. 가장 단순한 설교가 최고최상의 복을 가져다주는 법이다.

"이에 그들 곧 종과 동행자들이 먹고 마시고 유숙하였다가 아침에 일어나서 그가 이르되 나를 보내어 내 주인에게로 돌아가게 하소서 리브가의 오라버니와 그의 어머니가 이르되 이 아이로 하여금 며칠 또는 열흘을 우리와 함께 머물게 하라 그 후에 그가 갈 것이니라 그 사람이 그들에게 이르되 나를 만류하지 마소서 여호와께서 내게 형통한 길을 주셨으니 나를 보내어 내 주인에게로 돌아가게 하소서."(54-56절)

우리는 엘리에셀이 서둘러 길을 떠나, 리브가를 자기 주인의 아들에게로 인도하려는 자신의 사명을 완수하고자 요청하는 모습을 보게 된다. 자신의 사명을 완수하고자 하는 마음에서 "나를 만류하지 마소서."라고 말했다. 그는 라반의 가족들의 만류에도 굴하지 않았고, 자신의 요구에 다른 여지를 두지 않았다. 그는 그런 일 때문에 멈출 수 없었다. 자기 주인을 향한 사랑이 모든 일을 우선순위에 따라 생각하도록 했다.

이 이야기 속에는 일반적으로 우리의 결심을 나약하게 만드는 요소가 있다. 우리는 육신은 존중하지만, 정작 우리가 빚을 진 하나님은 무시하는 경향이 있다. 사실상, 우리는 다른 사람의 의견을 따르지 않는 사람이 되는 것을 두려워한다. 나는, 그리스도의 증인으로서 자신이 다른 사람들에게 증거해야만 하는 것에 충실한 사람들을 많이 보았다. 하나님을 찬송할지라. 그들은 단순하게 말하고, 조금도 주저함이 없었다.

"그들이 이르되 우리가 소녀를 불러 그에게 물으리라 하고 리브가를 불러 그에게 이르되 네가 이 사람과 함께 가려느냐 그가 대답하되 가겠나이다."(57-58절)

여기 보면 조금도 주저함이 없다. 마찬가지로 성령의 영향력 아래 들어온 신부는 "내가 가겠나이다(I will go)"라고 대답하게 된다. 리브가는 즉시 마음에 결단을 내렸고, 매우 확고한 태도로 떠날 것을 결심했다. "내가 가겠나이다." 이것이 그녀의 대답이었다.

이제 리브가의 위치를 살펴보자. 리브가는 라반의 집에 있는 것도 아니고, 그렇다고 이삭의 집에 있는 것도 아니다. 이것은 우리도 마찬가지이다. 우리의 위치도 지상에 있는 것도 아니고, 그렇다고 하늘에 있는 것도 아니다. 다만 우리는 하늘을 향해 가고 있을 뿐이다. 리브가는 모든 것을 버려두고, "가겠나이다."라고 대답했다. 성령의 모형인 엘리에셀은 여행하는 동안 리브가에게, 신랑의 아버지 집에 대해서 말해주었을 것이다. 장차 들어갈 본향에 대한 것들에 대해서 듣는 일은 분명 영혼의 위안과 격려를 주는 일이며, 여행의 피곤과 어려움들을 능히 견디게 해줄 뿐만 아니라, 자신이 떠나온 집과 고향이 다시 생각나지 않도록 해주는 귀한 대화였을 것이다. 리브가도 우리와 마찬가지로 광야를 건너고 있다. 충성스러운 종, 엘리에셀은 리브가를 안내하고 또 아버지 집에 있는 귀한 것들에 대해서 이야기해주면서 위안을 주었다. 그 아버지의 위대함과 권세에 대해서, 그리고 "주인이 그의 모든 소유를 그 아들에게" 준 사실을 반복해서 말해주었을 것이다.

우리에게 그 종은 성령님을 의미한다. 성령님은 위로자로서 그리스도의 신부된 우리에게 아버지 집에 있는 모든 것을 알려주신다. 그리스도의 것들을 가지고 우리에게 그것들을 알려주시는 분은 바로 성령님이시다. 우리가 이 세상이라는 광야를 지나는 동안 우리를 모든 진리 가운데로 인도하시는 분도 성령님이시다. 성령님은 우리에게 모든 것을 가르쳐주신다.

만일 리브가가 우물쭈물했다면, 자신이 떠나온 고향을 생각했다면, 자신이 불행하다고 생각했을지도 모른다. 리브가는 아직 이삭의 집에 도착하지도 않았고, 그렇다고 자기 아버지 브두엘의 집에 있는 것도 아니었다. 모든 것을 버리고 떠나온 상태에서, 이것도 저것도 소유한 것이 없었기에, 리브가의 마음은 광야에서 외로움과 자신이 불안정한 위치에 있다고 느꼈을 것이다. 하지만 그녀는 세상의 모든 것을 버렸다. 엘리에셀과 대화를 나누며, 리브가는 새로이 생겨난 관심거리에 마음을 쏟으며, 자신이 영원히 버리고 온 것들 보다 더 나은 것들을 사모하는 마음을 가졌다. 그녀는 신랑이 거하는 곳을 향해 평안한 여행을 했다.

이것은 우리도 마찬가지이다. 영적이기 보다는 오히려 세상적인 그리스도인은 슬픈 일을 당할 것이다. 그들은 세상을 추구하지만 결코 행복감을 느낄 수 없다. 세상적인 사람은 적어도 신기루이긴 해도 세상이 주는 쾌락을 즐긴다. 그들은 이처럼 헛된 쾌락을 쫓아가면서, 거기서 기쁨을 찾고자 하지만, 결국 아무 가치 없는 것임을 보게 될 것이다. 실상 세상이 주는 기쁨은 결코 영혼의 만족을 주지 못한다. 그리스도인은 결국 이러한 것들이 다만 불안감만을 안겨줄 뿐임을 보게 된다. 왜냐하면 그는 성령에 의해서 양심의 각성을 경험할 것이기 때문이다. 만일 그리스도인이 세상에 있는 것들에게서 쾌락을 얻기를 바란다면, 그의 마음은 주님을 따르는 일을 멈추게 될 것이고, 그는 불행한 상태에 떨어지게 될 것이다. 그는 자신을 괴롭히는 양심을 억누를 수 없다. 성령님의 초대에 귀를 기울이지 않고 또 순종하기를 거부한다면, 그런 사람에게 기쁨은 있을 수 없다. 그 마음에 기쁨을 주어야하는 영적인 것들은, 그가 그것들에 관심을 가질 때, 도리어 그 마음을 책망하는 것으로 작용하게 되기 때문이다. 하지만 우리는 우리를 부르신 하나님의 은혜를 가지고 있기에, 만일 우리가 하나님의 이름을 위하여 그 한결 같은 길에서 충성스럽기만 하다면, 하나님은 우리를 계속해서 인도하실 것이다. 만일 우리가 죄를 범한다 해도, 이 일이 우리를 다시 율법 아래로 집어넣는 것이 아니다. 오히려 우리에겐 아버지와 함께 하시며 또한 우리를 위해서 중보하시는 대언자가 있다. 일향 미쁘신 하나님은 우리를 중보하시는 일에 실패하실 수 없다. "이 땅의 모든 사람들이 … 우리를 둘러싸고 우리 이름을 세상에서 끊으리니 [주님께서는] 주의 크신 이름을 위하여 어떻게 하시려 하나이까?"(수 7:9) 게다가 하나님의 영광이 우리를 다시금 회복시키는 일에 작용할 것이다. 이러한 것이 은혜이다. 우리에겐 우리를 위해서 아버지와 함께 중보하시는 구주가 있다. 그분은 우리 속에 이 은혜의 역사를 시작하신 은혜로우신 하나님에게로 우리를 항상 돌아가게 하는 일을 하시며, 그리스도의 날까지 우리와 관계된 모든 일을 온전케 하는 그 은혜의 역사를 완성시키실 것이다.

우리 앞에 있는 장면을 보면 엘리에셀은 리브가를 신랑에게로 인도하는 일을 완수했다. 마찬가지로 성령님은 끝까지, 그 최종적인 목적을 이루기까지 우리를 인도하실 것이다. 리브가가 눈을 들어 우선적으로 본 것은 이삭이었다. 이삭은 자신의 신부를 자기 어머니의 장막으로 들였다. 신랑을 만나게 된 리브가는 더 이상 다른 생각을 하지 않았다. 더 이상 기업이나 유업에 대해서 생각할 필요가 없었고, 오직 신랑만을 생각할 뿐이었다. 가장 중요한 일은 신부가 신랑에게로 인도되는 것이기 때문이다.

모형적으로 우리와 관련해서 제시된 것은, 하나님은 이 세상 죄에서 우리를 건져내셨을 뿐만 아니라, 그리스도의 신부로 우리를 찾으셨다는 것이다. 하나님은 그리스도의 신부가 되라는 부르심을 따르는 일을 우리가 지체하지 않기를 바라신다. 우리가 "내가 가겠나이다"라고 말할 때, 하나님은 우리를 우리 영혼의 신랑 예수님 앞으로 인도하실 것이다. 성령님은 하늘로 가는 순례 길에서 우리와 동행하시면서, 우리를 도와주시고, 위로해주시며, 우리 앞에 있는 복과 영광에 대해서 말씀해주시고, 마침내 하늘 신랑이신 예수님 앞으로 인도해주실 것이다.

우리 앞에 펼쳐지는 다양한 상황과 환경 때문에, 방법은 조금씩 달리 할 수 있을지 모르지만, 창세기 24장의 이야기는 성령의 능력과 그 나타남에 관한 이야기이다. 우리의 부르심과 연결된 유효한 원칙은, 우리는 자유롭게 성령의 인도하심에 우리 자신을 맡길 것인지, 그 선하신 뜻을 따라 나설 것인지를 결정해야 한다는 것이다. 이 모든 것을 알고 그 인도하심을 따를 때, 우리가 소망하는 그 목적지에 마침내 이르게 될 것이다. "그리하여 우리가 항상 주와 함께 있으리라."(살전 4:17) 하나님께서 우리 모두에게 신부의 정서(情緒)를 주시고, 신부에게 속한 은혜와 긍휼을 주시길 빈다. 아멘.

J.N.D.

형제들의 집 도서 안내

1. 조지 뮐러 영성의 비밀
   조지 뮐러 지음/이종수 옮김/값 1,000원
2. 수백만을 감동시킨 사람을 감동시킨 바로 그 사람: 헨리 무어하우스
   존 A. 비올리 지음/이종수 옮김/값 1,000원
3. 내 영혼의 만족의 노래
   W.T.P 윌스톤 지음/이종수 옮김/값 1,000원
4. 모든 일을 하나님의 영광을 위하여 하라
   해리 아이언사이드 지음/이종수 옮김/값 1,000원
5. 잃어버린 영혼을 위해서 어떻게 기도해야 하는가
   오스왈드 샌더스, 찰스 스펄전 지음/이종수 옮김/값 1,000원
6. 윌리암 켈리의 로마서 복음의 진수
   윌리암 켈리 지음/이종수 옮김/값 5,000원
7. 이것이 거듭남이다[개정판]
   알프레드 깁스 지음/이종수 옮김/값 9,000원
8. 존 넬슨 다비의 영성있는 복음
   존 넬슨 다비 지음/이종수 옮김/값 5,000원
9. 로버트 클리버 채프만의 사랑의 영성
   로버트 C. 채프만 지음/이종수 옮김/값 5,000원
10. 영성을 깊게 하는 레위기 묵상
    C.H. 매킨토시 외 지음/이종수 옮김/값 5,000원
11. 존 넬슨 다비의 성경주석: 빌립보서
    존 넬슨 다비 지음/이종수 옮김/값 5,000원
12. 존 넬슨 다비의 히브리서 묵상
    존 넬슨 다비 지음/정병은 옮김/값 9,000원
13. 조지 커팅의 영적 자유
    조지 커팅 지음/이종수 옮김/값 4,000원
14. 윌리암 켈리의 해방의 체험
    윌리암 켈리 지음/이종수 옮김/값 3,000원
15. 존 넬슨 다비의 성경주석: 골로새서
    존 넬슨 다비 지음/이종수 옮김/값 7,000원
16. 구원 얻는 기도
    이종수 지음/값 5,000원
17. 영혼의 성화
    프랭크 빈포드 호올 지음/이종수 옮김/값 1,000원

18. 당신은 진짜 거듭났는가?
아더 핑크 지음/박선희 옮김/값 4,500원
19. C.H. 매킨토시의 완전한 구원
C.H. 매킨토시 지음/이종수 옮김/값 4,600원
20. 존 넬슨 다비의 하나님의 뜻을 분별하는 법
존 넬슨 다비 지음/이종수 옮김/값 1,000원
21. 존 넬슨 다비의 성경주석: 요한계시록
존 넬슨 다비 지음/이종수 옮김/값 10,000원
22. 주 안에 거하라
해밀턴 스미스, 허드슨 테일러 지음/이종수 옮김/값 1,000원
23. C.H. 매킨토시의 하나님의 선물
C.H. 매킨토시 지음/이종수 옮김/값 4,000원
24. 존 넬슨 다비의 성경주석: 에베소서
존 넬슨 다비 지음/이종수 옮김/값 8,000원
25. 존 넬슨 다비의 영적 해방
존 넬슨 다비 지음/문영권 옮김/값 7,000원
26. 건강하고 행복한 그리스도인이 되는 법
어거스트 반 린, J. 드와이트 펜테코스트 지음/값 1,000원
27. 존 넬슨 다비의 성경주석: 로마서
존 넬슨 다비 지음/문영권 옮김/값 12,000원
28. 존 넬슨 다비의 성화의 길
존 넬슨 다비 지음/이종수 옮김/값 4,500원
29. 기독교 신앙에 회의적인 사랑하는 나의 친구에게
로버트 A. 래이드로 지음/박선희 옮김/값 5,000원
30. 이수원 선교사 이야기
더글라스 나이스웬더 지음/이종수 옮김/값 5,000원
31. 체험을 위한 성령의 내주, 그리고 충만
조지 커팅 지음/이종수 옮김/값 4,500원
32. 존 넬슨 다비의 성경주석: 갈라디아서
존 넬슨 다비 지음/이종수 옮김/값 4,800원
33. 존 넬슨 다비의 성경주석: 요한서신서 · 유다서
존 넬슨 다비 지음/문영권 옮김/값 8,000원
34. 존 넬슨 다비의 성경주석: 데살로니가전 · 후서
존 넬슨 다비 지음/이종수 옮김/값 8,000원

35. 그리스도와의 연합과 구원(성경공부교재)
　　　　　　　　　　　　　　　　　　　　　　　문영권 지음/값 2,500원
36. 그리스도와의 연합과 성화(성경공부교재)
　　　　　　　　　　　　　　　　　　　　　　　문영권 지음/값 3,000원
37. 사도라 불린 영적 거장들
　　　　　　　　　　　　　　　　　　　　　　　이종수 지음/값 7,000원
38. 당신은 진짜 하나님을 신뢰하는가
　　　　　　　　　　　　　　　조지 뮬러 지음/ 이종수 옮김/값 4,500원
39. 그리스도와 연합된 천상적 교회가 가진 영광스러운 교회의 소망
　　　　　　　　　　　　　　존 넬슨 다비 지음/ 문영권 옮김/ 값 13,000원
40. 가나안 영적 전쟁과 하나님의 전신갑주
　　　　　　　　　　　　　　　존 넬슨 다비 지음/ 이종수 옮김/ 값 2,000원
41. 죄 사함, 칭의 그리고 성화의 진리
　　　　　　　　　　　　고든 헨리 해이호우 지음/ 이종수 옮김/ 값 2,000원
42. 하나님을 찾는 지성인, 이것이 궁금하다!
　　　　　　　　　　　　　　　　　　　　　　　김종만 지음/ 값 10,000원
43. 이것이 그리스도의 심판대이다
　　　　　　　　　　　　　　　　　　　　　　　이종수 엮음/ 값 8,000원
44. 존 넬슨 다비의 성경주석: 마태복음
　　　　　　　　　　　　　　　존 넬슨 다비 지음/이종수 옮김/값 16,000원
45. C.H. 매킨토시의 하나님에 관한 진실
　　　　　　　　　　　　　　　C.H. 매킨토시 지음/이종수 옮김/값 1,000원
46. 존 넬슨 다비의 성경주석: 여호수아
　　　　　　　　　　　　　　　존 넬슨 다비 지음/문영권 옮김/값 8,000원
47. 찰스 스탠리의 당신의 남편은 누구인가
　　　　　　　　　　　　　　　　찰스 스탠리 지음/이종수 옮김/값 4,000원
48. 존 넬슨 다비의 성령론
　　　　　　　　　　　　　　　존 넬슨 다비 지음/이종수 옮김/값 13,000원
49. 존 넬슨 다비의 영적 해방의 실제
　　　　　　　　　　　　　　　존 넬슨 다비 지음/이종수 옮김/값 5,000원
50. 존 넬슨 다비의 주요사상연구: 다비와 친구되기
　　　　　　　　　　　　　　　　　　　　　　　문영권 지음/값 5,000원
51. 존 넬슨 다비의 죽음 이후 영혼의 상태
　　　　　　　　　　　　　　　존 넬슨 다비 지음/이종수 옮김/값 5,000원

52. 신학자 존 넬슨 다비 평전
                              이종수 지음/ 값 7,000원
53. 존 넬슨 다비의 요한복음 묵상
                    존 넬슨 다비 지음/이종수 옮김/값 8,000원
54. 프레드릭 W. 그랜트의 영적 해방이란 무엇인가
                   프레드릭 W. 그랜트 지음/이종수 옮김/값 4,500원
55. 홍해와 요단강을 통해서 나타난 하나님의 구원
                      윌리암 켈리 지음/ 이종수 옮김/ 값 4,800원
56. 그리스도와의 연합을 위한 성령의 역사
                     윌리암 켈리 지음/ 이종수 옮김/ 값 19,000원
57. 누가, 그리스도인인가?
                    시드니 롱 제이콥 지음/ 박영민 옮김/ 값 7,000원
58. 선교사가 결코 쓰지 않은 편지
                    프레드릭 L. 코신 지음 / 이종수 옮김/ 값 9,000원
59. 사랑의 영성으로 성자의 삶을 살다간 로버트 채프만
                       프랭크 홈즈 지음 / 이종수 옮김/ 값 8,500원
60. 므비보셋, 룻, 그리고 욥 이야기
                       찰스 스탠리 지음 / 이종수 옮김/ 값 7,500원
61. 구원의 근본 진리
                      에드워드 데넷 지음 / 이종수 옮김/ 값 6,500원
62. 회복된 진리, 6+1
                       에드워드 데넷 지음/ 이종수 옮김/ 값 6,000원
63. 당신의 상상보다 더 큰 구원
                     프랭크 빈포드 호올 지음/ 이종수 옮김/ 값 6,500원
64. 뿌리 깊은 영성의 그리스도인으로 사는 법
                     찰스 앤드류 코우츠 지음/ 이종수 옮김/ 값 9,000원
65. 천국의 비밀 : 천국, 하나님 나라, 그리고 교회의 차이
            프레드릭 W. 그랜트 & 아달펠트 P. 세실 지음/이종수 옮김/ 값 7,000원
66. 존 넬슨 다비의 성경주석: 베드로전 · 후서
                        존 넬슨 다비 지음/장세학 옮김/ 값 7,500원
67. 존 넬슨 다비의 영광스러운 구원
                        존 넬슨 다비 지음/이종수 엮음/ 값 15,000원
68. 어린양의 신부
              W.T.P. 윌스톤 & 해밀턴 스미스 지음/ 박선희 옮김/ 값 10,000원

Originally published under the title of
"The Call of the Bride" by Dr. W. T. P. Wolston
"The Bride of the Lamb" by Hamilton Smith
Copyright©Les Hodgett, Stem Publishing
7 Primrose Way, Cliffsend, Ramsgate, Kent, U.K.

Korean translation copyright
ⓒ 2014 by Brethren House, Korea
All rights reserved

어린양의 신부新婦
ⓒ형제들의 집 2014

초판 발행 • 2014.9.13
지은이 • W. T. P. 월스톤 & 해밀턴 스미스
옮긴이 • 박 선 희
발행처 • 형제들의집
판권ⓒ형제들의집 2014
등록 제 7-313호(2006.2.6)
Cell. 010-9317-9103
홈페이지 http://brethrenhouse.co.kr
카페 cafe.daum.net/BrethrenHouse
ISBN 978-89-93141-68-9 03230

＊값은 뒤표지에 있습니다.
＊잘못된 책은 바꿔드립니다.
＊서점공급처는 〈생명의말씀사〉입니다. 전화 (02) 3159-7979(영업부)